自分とつながる。チームとつながる。

エモーショナルなつながりがつくる
幸せな働き方

中村真広

アキラ出版

はじめに

「仕事」が今、楽しくないあなたへ

あなたにとって「仕事」とはどんなものだろうか？

お金を稼ぐための手段だったり、自分のスキルを高めていくための機会だったり、実現したい何かに向けた日々のアクションそのものだったり？

仕事には様々な側面がある。そして、仕事に向き合う時間は人生においてかなりの比率を占める重要な要素だ。「時間」を使うということは、つまり「いのち」を使うことになる。だからこそ、僕らは仕事についてよく悩む。

誰だって前向きに、楽しく働きたいはずなのに、なかなか上手くいかない。

希望したプロジェクトチームに入ることができてウキウキしていたのに、最近どうも自分の思っていた方向性と違うことをやっている気がする。「この仕事って、プロジェクトの目的とずれてませんか？」とプロジェクトリーダーに聞いてみたけれど、「今は数字を出すことが重要なんだよ」と言われてそれ以上反論できなかった。この人には言っても仕方ないんだと思って黙って従っている……。

初めてマネージャーになって、チームで一丸となって頑張ろうと思っていたのに、メンバーはなんだかしらけている。自分としてはマネジメントの本もたくさん読んで頑張っているのに、どうしてメンバーはついてきてくれないのか……。

職場で直面する状況にストレスを感じて、自分の外側の世界を変えようともがいても、なかなかいい方向には進まない。特に他人というのは、こちらが思うようには変わってくれないし、なんだか空回りばかりで疲れてしまう。気がつけば「なんでこの仕事してるんだっけ?」と消耗している自分がいる。

それは、マネージャーや職場、はたまた会社のせいだろうか?

仕事帰りの居酒屋で友人に愚痴をこぼす前に、ちょっと考えてほしい。自分の外側の世界を変えるのは難しくても、自分の心の持ちようは変えることができる。ここに希望がある。

あなたの人生をどうするか、目の前の世界をどう見るかは、あなたに主導権がある。この本を通じて、「どんな眼差しで日々の仕事に向き合うか」を考え直してみたらどうだろう? あなたの職場が今以上に楽しい場になるように、そして働くあなた自身が充実した人生を過ごせるようになるために必要なことを、この本では伝えたいと思う。

僕が経験した組織の成長痛と自己の受容

僕は大学院を出て2つの会社で働いた後、ツクルバという会社を共同創業し、2020年の今年10期目を迎えた。最初は「co-ba（コーバ）」というシェアードワークプレイスの事業を立ち上げ、現在はもう一つの事業の柱として中古・リノベーション住宅の流通プラットフォーム「cowcamo（カウカモ）」を運営している。また、2年前からはKOUという別の会社も立ち上げて、最近、感情を自覚してシェアするためのカードゲーム『emochan（エモチャン）』をリリースした。

起業家というのは、自分のやりたいことがあって、それを実現するために事業をつくり、働いている。だから、仕事へのモチベーションは常に高いし、公私の区別なく仕事に没頭しているのが楽しくて仕方ない、という人が多い。

僕も最初はそうだった。でも、ここ数年はかなり苦しかった。組織が大きくなるにつれ、いろいろなことが上手く行かなくなったのだ。

原因の一つは、企業が成長するときには必ずと言っていいほど経験する「組織の成長痛」だ。詳しくは1章にあるけれど、人数が多くなることで組織の一体感が保ちづらくなる「横の成長痛」と、組織の拡大とともに意図せずとも階層化が進んでいくことによる「縦の成長痛」、これらに僕も会社のメンバーも悩まされた。

もう一つは僕自身の成長痛だ。会社の成長とともに経営者として取り組む課題も難しいものになっていく。僕はあるべき自分の役割を果たそうと必死で頑張ってきたけれど、やってもやっても満たされることがない焦りを常に感じていた。それでもなんとかしなきゃいけないとあがき続けることが、苦しくなっていった。

この事態を打開するきっかけになったのは、まずは自分自身の内面に向き合うという経験だった。それまで僕は、「世間に認められる価値を生み出すんだ」というモチベーションに突き動かされるように頑張っていたのだけれど、それではなんだか苦しくなってしまった。その理由は分からないけれど、これまでの自分のやり方を変えなければいけないんじゃないか――そう思っていたとき、たまたま出会ったのが、自分の内面を理解することで自らを変容するための技術である「インナーテクノロジー」だった。

自分の感情に向き合い、その奥にある痛みや、それを見ないようにする回避行動のクセを発見した。見えていなかった自分のありのままの状態を受け入れたとき、僕はそれまで気づいていなかった本当の願いも同時に発見した。

そこから、改めて自分がやるべきことが見えてきた。周りの人たちとの関わり方も変わってきた。会社のメンバーにも、感情を自覚する、自分の願いを理解するということを勧め、実際にやってみる人も出てきた。

そんなプロセスを経て、僕は自分自身の成長痛を抜け出した。そしてそれが、組織の成長痛に苦しむ会社にとっても、いい影響を及ぼし始めたと感じている。

問題を解く鍵は、エモーショナルなつながりにある

自分の感情を自覚し、その奥にある本当の願いを知ったときから、僕は自分の考えや

行動がありのままの自分自身と〝つながっている〟という感覚を持てるようになった。誰かが期待しているからとか、みんなが評価してくれるから、という外発的な動機付けではなく、自分が心からそうしたいと願っていることに向かって動いている、という感覚だ。

最近、組織にとって重要な要素として「心理的安全性」が注目されている。だけど、いいチームというのは心理的安全性だけに負うものではなく、メンバーそれぞれが自分の感情を自覚し、自分とつながる力によるところも大きいんじゃないかと考えるようになった。

心理的安全性があるというのは、メンバーが感情的な面も含めて「自分はこのチームとつながっている」という感覚を持てる状態だとも言える。つまり「自分とのつながり」と「チームとのつながり」、この2つを深めていくと、成果の出るいいチームが育まれていくのではないか。それは同時に個々人の人生の充実や幸福にもつながるのではないかということを、この本では示したい。

これまで、職場というのは感情を持ち込むべきところではない、というふうに考えられてきた。でも、これからの時代はむしろ感情を素直に共有できる職場づくりをした方が、組織のためにも個人のためにもなる、そのことを知ってもらいたいのだ。

本書の内容

まず1章では僕の経験を振り返りながら、職場における感情の扱われ方によって仕事というものがどう変わるかを見ていく。

2章では、自分とつながっている感覚とチームとつながっている感覚が相互に作用し、チームと個人の成長に作用していくことをアカデミックな理論も参考にしつつ、示していく。

3章、4章では、三好大助さんと長尾彰さんという、それぞれインナーテクノロジーとチームビルディングの専門家に登場いただく。僕との対談を通して、心理的安全性と自分の感情の自覚および受容がなぜ重要なのかと、それらを高める具体的な方法について教えてもらう。

最後に5章では、新型コロナウイルス感染症（COVID-19）によって変化しつつある世界において、どんなマネジメントや職場のあり方が求められるようになるのか、僕なりの展望を語るつもりだ。

「人間、誰しもありのままで価値がある。そのままでいいんだ、ということを証明したい」というのが僕の願いだ。世の中に、ありのままの自分でいられるような職場が増えていくよう、本書がその小さなきっかけになったらとても嬉しい。

自分とつながる。チームとつながる。　目次

第2章 セルフサイクルとチームサイクルで個人の幸福とチームの生産性を上げる

第3章

（対談）三好大助×中村真広
「自分の感情を受容することがなぜ大事なのか？」

第4章

第5章 これからの職場のあり方。そしてあなたからできること

装丁・本文デザイン　株式会社クラウドボックス

第1章

僕が自分とのつながりを得て気づいたこと

三十代なかばになってから知った「自分の本当の願い」

あるときまで、自分は「活動家」としてやっていくんだと思っていた。誰かに言われたことをやるんじゃなくて、自分からコトを起こして社会に提示し、ムーブメントを起こす。そういう生き方が理想だった。

新卒で入った不動産デベロッパーは、周りに魅力的な人が多くて仕事も楽しかった。だけど「こんなぬるま湯に浸かってちゃいけない」「自分から何かを仕掛けて価値を出さなきゃ」と、入社1年目にして焦っていた。ちょうどリーマンショックの影響で会社の状況も厳しくなっていたから、僕は7ヶ月でそこを辞めて新たな道を探すことにした。

次に入ったのはミュージアムのデザインやプロデュースをやっている会社だ。そこは僕も含めて4人しかいない会社で、いろんなことを任せてもらえてスキルも上がった。でも、次第にモヤモヤを感じるようになる。

大きな会社の下請けとして決められた範囲で役割をこなす。真のお客さんであるはずの、ミュージアムの利用者との距離が遠い。――そういう仕事の仕方で世の中に価値を提供できているのか？「活動家」であろうとする僕は疑問を拭えなかったのだ。だから僕は、社外での活動にも力を入れ、いろいろなことを仕掛けるようになった。

その一つが、仲間たちと手作りで始めた小さなカフェだった。ただのカフェじゃなくて、そこで開催するイベントなんかをきっかけに人と人とが出会い、新しい何かが生まれていくような、そんな場を目指した。会社の仕事が終わって22時頃に仲間と集合し、夜通しカフェの内装をＤＩＹしたら、少し仮眠を取ってからまた仕事に行く。そんな生活は大変だったけど、すごく充実感があった。

今、僕が経営しているツクルバという会社は、このカフェを一緒にやった友人の村上浩輝と共同で創業した。だから、このカフェは僕にとってすごく重要なターニングポイントで、やって良かったと思っている。

でも今振り返ると、当時の僕を動かしていたのは、自分の深い部分にある「本当の願い」とは別のものだった。

「活動家として何かを仕掛けたい」「ムーブメントを起こしたい」という強い気持ち、その後ろにあったのは「自分はありのままでは価値がない」という怖れだった。「誰かに認められるようなことをしなければ、僕は存在する価値がないんじゃないか」という恐怖にかられて焦っていたんだと思う。カフェも、ツクルバの創業も、「何者かにならなければ」という焦りからのアクションだった。

そのことに、僕は2年前の34歳のときにやっと気づいた。と同時に、自分の奥底に眠っていた本当の願いを知った。それは「人間、誰しもありのままで価値がある。そのままでいいんだ、ということを証明したい」というものだ。

当時はツクルバを創業して7年経ったところ。傍から見ると事業も組織も順調に成長していて、翌年には上場も控えていた。でも、会社の内側には問題が山積していた。一方のプライベートでは初めての子どもが生まれたところで、妻との関係や子どもとの向き合い方に難しさを感じるようになっていた。

なんだかいろいろなことが上手くいかない。大きな壁にぶち当たったようでモンモンとする時期が続いた。でも、自分が何を怖れていたのか、本当は何を願っていたのかが分かったら、多くの上手くいかないことの構造が見えてきた。そして何よりも、肩の力を抜いて生きられるようになった。

それ以来僕は、自分の感情や周りの人たちの感情や、その奥にある願いに注意を向けることをすごく大事にするようになった。一見、そういう視点とは相容れない場に見える職場においてもだ。

僕が経験した4つの職場と「自分らしさ」の関係

職場で感情やその奥にある願いに注意を向けるというのは、そこにいる誰もが、なるべく「ありのままの自分」でいられることを大切にするということだ。

多くの人は、何か感情を大きく揺さぶられるような出来事に遭遇しても、職場では努めて「いつもどおりの自分」、「仕事人としての自分」でいようとする。恋人とケンカしてムカムカしていても、病気のペットが心配でたまらなくても、上司や同僚に「今朝こんなことがあって気持ちが晴れないんです。だから今日は仕事が手に付きません！」なんて訴える人は少ないだろう。仕事の場で、クレーマーにひどい言葉を投げつけられて傷ついても、「仕事だから」と平常心を保とうと頑張る人が多いと思う。

つまり、これまでの職場というのは、それぞれが思い描く「職場用の自分」を見せる場になっていて、決して〝ありのまま〟なんかじゃないことが多いのだ。

ここ数年、ビジネスの世界で注目されている『ティール組織』(英治出版)という本では、組織の最も進化したあり方を「ティール組織」と名付け、その特徴を詳しく紹介している。大きな特徴の一つは「ホールネス（全体性）」を大事にする、ということだ。

一見仕事とは関係のないような好みや、弱い部分、深いところにある信念なんかも含めて、それぞれが自分自身を内省し、自分の〝全体〟を〝ありのまま〟に見せ合うことができる――そんな職場では、ものすごい情熱と創造性が発揮される、と同書は説く。

僕も、自分自身を内省したり理解できるようになってからは、そのことをすごく実感している。でも、それまでは「職場でありのままの自分でいること」の重要性を、あまり自覚していかなった。

その理由を考えるために、僕がこれまで自分が経験してきた職場のあり方を思い出してみよう。

1. 圧倒的な師に学ぶ場。そこに自分の意志を持ち込む余裕はなかった。

僕が組織での仕事というものを最初に体験したのは大学院生時代だ。「アトリエ・ワン」という建築設計事務所を主宰する建築家、塚本由晴さんの研究室に所属していたのだが、そこは先生が依頼された仕事を学生が手伝い、その実践を通じて学んでいくというスタイルの研究室だった。

徒弟制度みたいなものなので、そこでは先生の意見がみんなの軸になる。僕は修行中の身として、できるかぎり先生の考え方をトレースし、自分のものにしようとしていた。そこに、僕らしさだとか、自分の意志なんかを持ち込む余裕はほとんどなかったし、それで良かった。

2. 常に自分の意志を問われたコスモスイニシア時代

新卒で入ったのはコスモスイニシアという元リクルートグループの不動産デベロッパーだ。ここは大学院の研究室と真逆で、とにかく自分を出すことを求められる会社だった。

「君はここで何をやりたいの？」ということを、面接のときも、会社に入ってからも、ことあるごとに聞かれた。そして、大して経験もない僕が語る話をちゃんと聞いてくれて、「面白いね」とか「やってみてよ」とか「だったら、こういうことやってるチームがあるよ。行ってみる？」とか、どんどん応援してくれる。面接で「3年くらい経ったら、独立したいと思ってる」と言うと、それすらも「いいじゃん」と受け止めてくれるほど度量の広い会社だった。

コスモスイニシアはメンバー一人ひとりの意志や、そのベースにある想いを尊重する文化が根づいている会社だった。当時はそれが当たり前過ぎて、そのことの重要性に気づかなかった。だけど、社会人としての始まりをそういう会社で過ごしたことは、後々の僕の考え方に大きな影響を及ぼしていると思う。

3. 自分の意志を見せられなかったデザイン事務所時代

リーマンショックの影響を受けて、僕は就職1年目で転職し、ミュージアム専門の小さなデザイン事務所に入った。こちらはコスモスイニシアとは真逆で、「君は何がやりたいのか」と問われることはほとんどなかった。そのかわり、自分の裁量で仕事に取り組んでみる機会はふんだんに与えてもらえた。社長が取ってきた仕事をスタッフにパスしていくのだが、人が少ない分、やったことのない仕事もどんどん一人で任される。

例えば「今度のミュージアム、タブレットで館内ガイドをすることになったから、中村くん、そのアプリの制作をお願いできる?」と言われ、「やったことないけど……」と思いながらも引き受ける。そこからやり方を学び、アプリを作れるエンジニアやデザイナーを自分で探して声をかけて作り上げていく、という感じだ。

何をやるかは自分で選べないものの、仕事自体は面白いし、任された範囲内では自分の自由にやることができた。結局は「任された範囲内」では飽き足らず、社外での活動の方に力が入るようになるのだけれど。

この会社を辞めたいという話をしたとき、社長はすごく驚いていた。「辞めそうな気配なんて全然なかったから、びっくりだよ」と言っていた。僕が会社での仕事にモヤモヤしていることも、プライベートで仲間とカフェをやったりしていることも、社長には一切言っていなかったからだ。

辞めるときに初めて「実は仲間と作ったカフェがあって、それをもっと盛り上げたい。将来的にはその中の一人と会社を創るかもしれない」という話をすると、社長は「全然知らなかった。言ってくれたら自分もいろいろと支援できたのに」と言ってくれた。

この会社で「自分は何をやりたいのか」を語る機会がもっとあったら、仕事の内容が違うものになっていたかもしれないし、社外の活動と会社の仕事を交わらせるようなこともできたのかもしれない。そうならなかったのを会社の文化やマネジメントのせいにしてしまうこともできる。でも、「ここでは自分らしさを発揮できない」と思いこんでアクションを起こさなかった自分にも原因があったんだと、今は思う。

4. サークル感とグルーヴ感に身を任せ、ありのままでいられたツクルバの初期

友人と共同創業した頃のツクルバは、会社というよりはサークルみたいな雰囲気だった。

大学のサークルとか高校の部活のことを思い出してみてほしい。そういう場では我を出さずに求められる役割を果たすというよりは、むしろ感情をどんどん発露しながらメンバー同士が協力し合ったりぶつかり合ったりしていたんじゃないだろうか。

メンバーが30人くらいまでのツクルバもそんな感じだった。遊んでいるんだか仕事をしているんだか分からないような状態で、メンバーが誰と付き合っているとか、最近別れたとか、そんなプライベートなことも普通にしゃべりながら、朝から晩まで働いていた。

「お前、ここで何をやりたいの？」とか「今、どんな気持ち？」なんてわざわざ聞くま

でもなく、お互いが何を考えているのか、どんな状態なのかを掴めていた。

これは周りの起業家仲間に聞いてみても同じで、「感情や心に注意を向けよう」とか「みんながありのままの状態でいられているだろうか」とか特に考えなくたって、それが自然にできるのがスタートアップの初期の段階なのだ。組織の課題に無邪気でいられる、貴重なビギナーズラックのひととき、と言ってもいいかもしれない。

事業が上手くいったときはもちろん、経営理念を作ろうとか、名刺のデザインをリニューアルしようとか、初めて会社のイヤーブックを作ろうとか、何をやるにしてもみんなテンションが上がり、一丸となって喜んだり面白がったりすることができた。気づけばみんなが同じリズムに乗って踊りだしているようなグルーヴ感、毎日が文化祭の前夜みたいなあの感じが最高で、僕は「これがずっと続けばいい」と思っていた。

だけど、そういう状態はずっとは続かなかった。僕もみんなも少しずつ自分らしさを出すのが難しくなったり、お互いの気持ちが見えづらくなっていった。

それがどうしてなのか、ツクルバという組織がどう変わっていったかはこの後で詳しく書くけれど、そういう問題が出てきたことが、僕に「感情に向き合う」ということの大切さに気づかせるきっかけを与えてくれた。無自覚にそこにあったものを失って初めて、その大切さを意識できるようになったというわけだ。

上場間近のスタートアップが経験した成長痛

会社が立ち上がって間もない頃は、創業者・経営者とメンバーの距離が近い。それぞれの役割は違っても、お互いに何を考え、何をしているかが手にとるように分かって自然に助け合えた。お互いに感情を隠すことなく自分らしくいられた。ツクルバが、徐々にそういう場ではなくなっていった一番の要因は、人数の拡大と階層化だった。

人数の拡大と階層化による「壁」というのは、スタートアップがよく経験することとして語られる。

メンバーが30人を超えたあたりから、それまで創業者兼マネージャーとして引き受けていた役割を一人（ツクルバの場合は二人）で全部やるのは厳しくなってくるという「壁」がある。

メンバーそれぞれと1on1の関係性をつくっていくのがさすがに難しくなってきたり、すべての案件を自分が見続けるのも厳しくなってきたり、現場に入りすぎていて長期的なことを考える時間が取れなくなったり……。いわゆるトップの下はみんなフラットという文鎮型の組織の限界が見えて、このあたりから初めて経営者とメンバーの間に立つミドルマネージャーを置く必要が出てくる。

こうなると創業者は、ワンチームを率いる「課長の目線」から、マネージャーを通じて現場とつながる「部長の目線」へステップアップしなくてはいけなくなるし、メンバーとしては創業者の存在が遠くなってしまったように感じて、関係性が変わってくる。そして、間に立つミドルマネージャーは、初めての階層化に戸惑い、経営と現場のつなぎ役として上手く立ち振る舞えなかったりする。初めての階層化により、組織の第一歩を踏み出

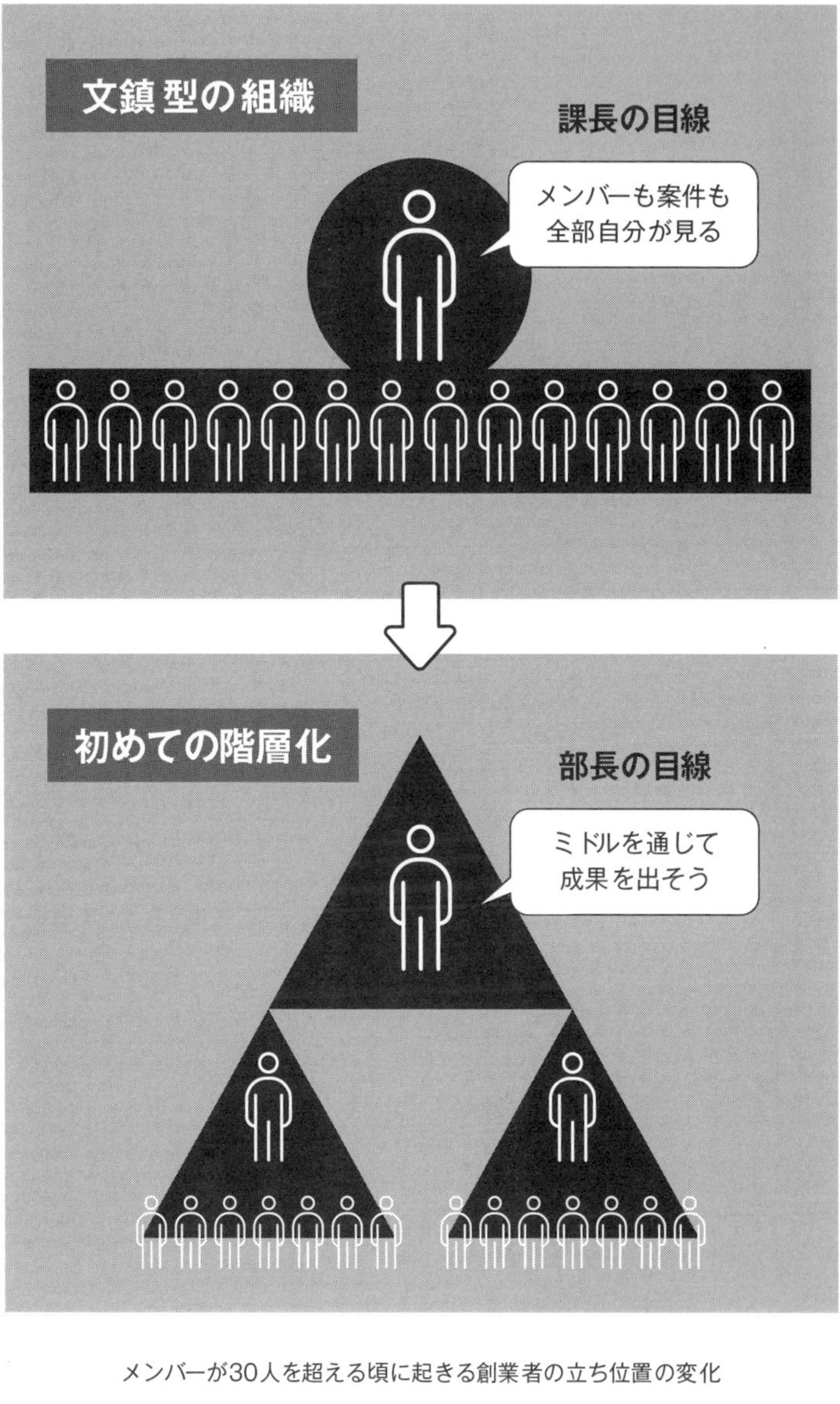

メンバーが30人を超える頃に起きる創業者の立ち位置の変化

すときにぶつかる壁、これが「30人の壁」といわれるものだ。

そして、最初は間に入るのが経営と現場をつなぐマネージャーだけでなんとかいけても、メンバーが100人を超えてくるとそれも難しくなり、部長の下には課長を置いて……と人数の拡大とともに階層化が進んでいく。

人数の拡大と階層化による「壁」にぶつかりながら、会社の中でいろいろな問題が起き始めた。振り返ってみれば、それは組織が大きくなる過程では避けがたい、組織の成長痛とでも言うべき症状だった。

100人を越えてくる頃の成長痛には2種類あって、一つは「横の成長痛」。人数が多くなることで、どうしても一体感を感じにくくなるという問題だ。

イギリスの人類学者ロビン・ダンバーは、人間が安定的な社会関係を維持できる人数には上限があると言っていて、その上限の数値が「ダンバー数」と呼ばれている。一般的には、ダンバー数は100人から200人くらいだそうだ。ツクルバでも、百数十人規模になった頃から、メンバー同士のつながりに濃淡が生まれはじめ、顔と名前が一致しなくなり、全社を1つのまとまりとするには大きすぎる状態になっていった。

もう一つの成長痛は「縦の成長痛」だ。階層化が進んできて部長や課長になったメンバーは、あまり経験のないマネジメントのスキルを期待されることになる。それまではいちプレイヤーとして貢献が認められてきたのに、急にマネージャーの視点を持つことを求められ、チームのパフォーマンスに対して責任をもたなければいけなくなる。

部長や課長だけでなく経営者も、組織が大きくなるにつれ、難しい問題に対処しなければいけないことや、大きな責任を追わなきゃいけないことが増える。最初は上手くできなくても当然なのに、それぞれ「上手くマネジメントしなきゃ」と焦って、弱い自分を隠し、強い自分を演じきろうとする。気づけば、一人の人間としてメンバーに向き合うことを忘れ、感情をどこかに置き忘れたように、ロジックで人を動かそうとする。そして、図らずも階層化が生み出す役職による影響力が、メンバーの自由な発言の機会を潰していってしまう。

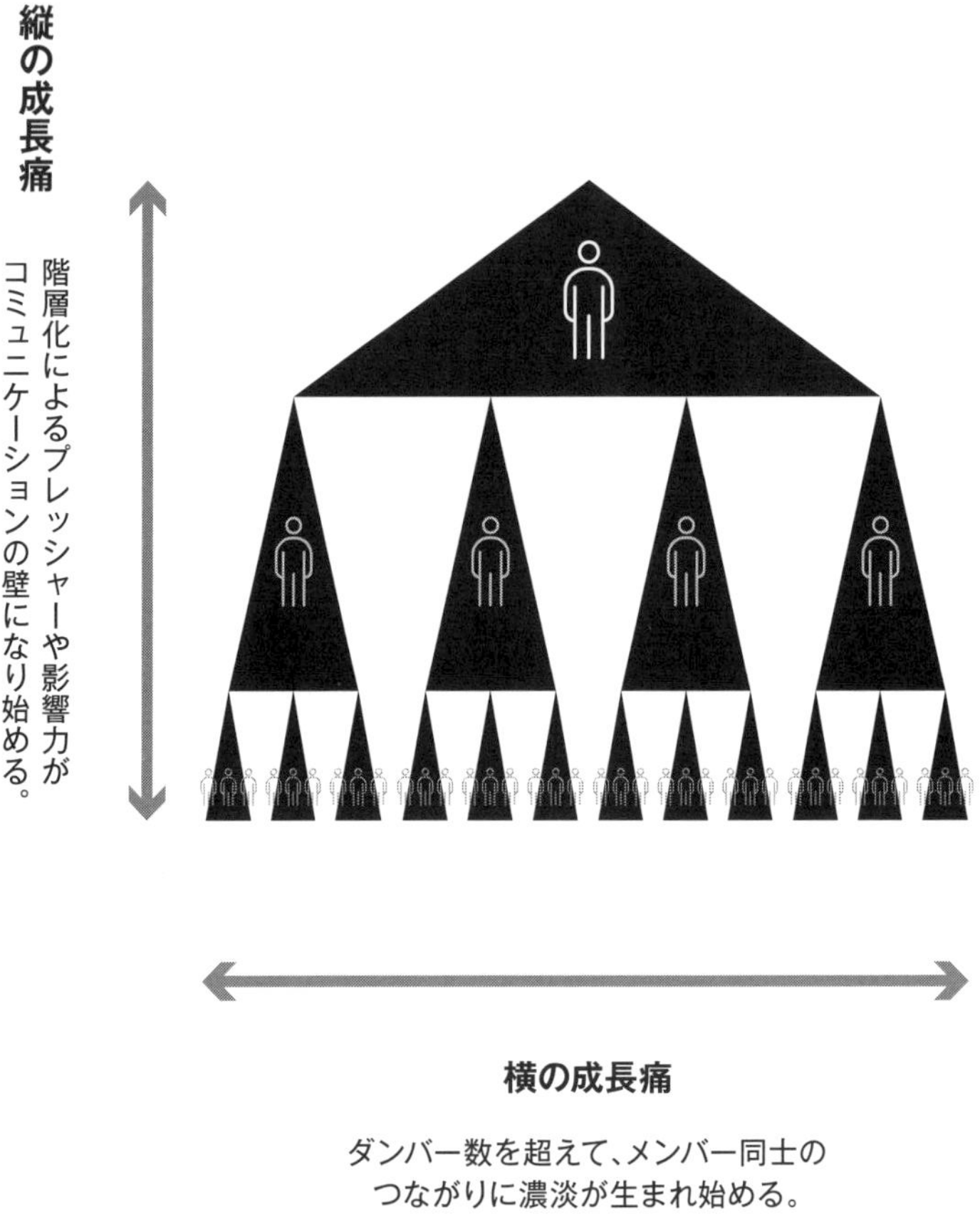
縦の成長痛
階層化によるプレッシャーや影響力が
コミュニケーションの壁になり始める。
横の成長痛
ダンバー数を超えて、メンバー同士の
つながりに濃淡が生まれ始める。

縦と横の成長痛

ツクルバの場合、上場を控えていたことも成長痛の痛みを深くした。

上場準備期間は、社内のメンバーにも秘密にしなければいけないことが多く、メンバーにとってみれば、社内の風通しが悪くなったと感じただろう。上場審査基準に適合するように経営体制を整えなければいけないので、決裁や勤怠管理などのルールが整備され、営業目標など数字上のマネジメントも整っていく。サークルっぽかった組織が急に世間一般の会社っぽくなっていく。みんなの中に「急に雰囲気が変わってきたな」という空気が流れているのが、僕にもよく分かった。

「役割を果たさなきゃ」という過剰な責任感や焦りが招いた失敗

上場の数年前から、僕は「会社の共同代表として自分の役割を果たさなきゃ」と必死だった。そしてこれは、パートナーの村上も同じだったと思う。

僕らは起業したときから、村上がビジネスを、僕がクリエイティブや組織のカルチャーを育てていく担当、という役割分担があった。上場のために投資家や証券会社と直接やり取りするのは村上で、その点で大きなプレッシャーを感じていたのは彼の方だと思う。

一方で僕は、上場に向かってどうしてもビジネスの側面が強まっていく状況に対し、会社の文化がどんどん変わっていってしまうんじゃないかという危機感を抱いていた。そして、そこをなんとかするのが自分の役割だという大きな責任を勝手に感じ、焦っていた。

以前は僕ら二人だけだった経営チームには新たにCFOやCOOが入って、僕らがやってきたことの多くを任せられる体制になっていた。その反面、任せられない自分の領域に関しては過剰に責任を感じるようになったり、「誰も理解してくれない」と孤独になったりしていた。今考えれば、とてもいいチームとは言えない。僕らがそんな状態だったから、メンバーからは「経営の考えていることがよく分からない」とか「経営チームが一枚岩になっていない」なんていう声が挙がるようになっていた。

「この状況はマズイな」と思いながらもなんとか事業を伸ばして上場したのが2019年。世間には一人前の会社として認めてもらえたわけだけど、内側は課題も多く、退職者も増えていた。

「この段階で、僕らがこの会社に集っている意味をみんなで確かめないと、本当に組織が崩壊する」――そんな懸念を持った僕は、会社のロゴのリニューアルに着手した。そのプロセスを通じて、この会社が大事にしていることをみんなが実感できる機会を作ろうと考えた。

それは発想としては悪くなかったと思うけれど、プロジェクトチームで作ったロゴデザインの案を社内で発表すると、メンバーの評価は散々で、まったく受け入れられなかった。結局、プロジェクトを最初からやり直すことになった。

この頃の僕は、自分に「周りから期待される役割を果たさなきゃ、自分には価値がない」という考え方のクセがあることを自覚していた。だから、ロゴリニューアルの失敗も、そんな僕の焦りが招いたものだということに気づくことができた。「会社の危機を乗り越えるべく、自分が引っ張って行かなきゃ」と必死だった僕は、口では「みんなと一緒にやっていく」と言いながら、成果を急ぐあまり自分本位に進めてしまっていたのだ。だから、再度プロジェクトをスタートするときには思い切ってメンバーに任せ、結果としては素晴らしいロゴが出来上がっていくことになる。

「メンタルモデル」と「本当の願い」が分かった

僕が自分の思考のクセと、心の奥底にあった本当の願いに気づくことができたのは、「インナーテクノロジー」との出会いがきっかけだ。

ツクルバを創業して7年経った頃、組織は成長を続けていて翌年には上場も控えていながら、人数の拡大と階層化による成長痛などを抱え、内側は問題だらけだった。創業者・経営者としても、自分の振る舞い方や関わり方にフィット感を失い始めていた。一方、その頃は個人としても、初めての子どもが生まれたところで、妻との関係や子どもとの向き合い方に難しさを感じるようになっていた。

自分は今、大きな壁にぶち当たっている。このままの自分では前に進めない。自分を変えなきゃいけない、そんな気がしていた。そのタイミングでたまたま興味を持ったのが「インナーテクノロジー」だった。

インナーテクノロジーというのは、ヨガや瞑想、NVC、U理論といった、自分の内面を深く知り、それによって自己を変容させるための技術の総称だ。

僕はインナーテクノロジーの専門家である三好大助くん（大ちゃん）と知り合いになり、彼に個人セッションをしてもらった。そこで見つけたのが、自分が子どもの頃からずっと持ち続けてきた「メンタルモデル」と本当の「願い」だった。

メンタルモデルというのは、人が無自覚に持っている、自分や世界についての信念や思い込みのこと。同じ出来事に遭遇しても、人によって感じ方や反応が違うのは、それぞれ異なるメンタルモデルを持っているからだ。「自分はいつもこのパターンで失敗する」と分かっていながら繰り返してしまうのも、自分の行動に影響を与えるメンタルモデルが確固たるものとしてあるからだったりする。

大ちゃんの仲間で『ザ・メンタルモデル』(内外出版社)著者の由佐美加子さんによれば、メンタルモデルの形成には、その人が過去に味わった「痛み」の体験が大きく影響するという。再び同じ痛みを味わうのを避けたくて取るようになったものの見方がメンタルモデルなのだという。

僕は子どもの頃、祖父母と両親と一緒に暮らしていた。一人っ子だから家の中では唯一の子どもだったけれど、祖父は小学校の校長先生をやっていた人だし祖母も元教育関係者で、親以上に厳しい存在だった。そういう環境で、僕は「子どもっぽい自分は認められない」「常にいい子であらねばならない」というプレッシャーを知らず知らずのうちに感じていたんだと思う。

大ちゃんと対話しながら幼少期からの無意識の領域にアクセスし、僕には「そのままの自分には価値がない」というメンタルモデルがあることに気づいた。そして、いい成績を取ったり受験に成功したり、何か周りから評価されることをすることで、自分の存在を周りに認めさせようとする——そういう行動原理で三十数年生きてきたんだ、ということが分かってきた。

「そのままの自分には価値がない」というのは、とても辛い自己認識だ。大ちゃんは「その痛みを反転したものが、本当の自分の願いなんだよ」と言い、自分の願いを紙に書いてみるように僕に促した。

そのときに僕が書いたのが「人は誰しもありのままで十分である」という言葉だった。

そして、「あぁ、だから僕はツクルバをやってきたんだ」と深く納得した。

創業の理由を再確認。人生を肯定する場としての会社を目指す

ツクルバを立ち上げて最初に「co-ba」というシェアードワークプレイスの事業を始めたのは、いろいろな人のいろんなチャレンジを応援する場をつくりたかったから。もう一つの事業の柱になった中古・リノベーション住宅の流通プラットフォーム「cowcamo」は、もっとそれぞれに自分らしく住むということを可能にしたかったから。そしてツクルバという会社を創ったのも、それぞれが自分を解放しながら生き様とし

て仕事をできる場をつくりたかったから——そう考えると、これらは全部「その人がその人らしくいる」ということを実現する「場」をつくろうとする活動だ。これまでツクルバでやってきたことは、「人間、誰しもありのままで価値がある。そのままでいいんだ、ということを証明したい」という僕の根本にある願いとつながっていたというわけだ。

このことに気づいて感動した僕は、なぜツクルバを創ったのかをきちんと言葉にして残しておくことが、創業者としての使命だと感じた。そこで、もう一人の創業者の村上と相談して「ファウンダーズ・ステートメント（創業者の宣言文）」をまとめた。

以前から、会社のミッションやビジョン、目標について、もちろん創業者としての想いがあった。

でも「価値のある自分でいなければ」という焦りの方が原動力になり、「世の中にない価値を生み出さねば」「より多くの人へ価値を届けねば」といった世間に認められやすいことを「あらねば」で追い求めていた。こういう目標は、到達すればテンションは上が

場には人生を肯定する力がある。

自分で自分の背中を押すことができないように、ひとりでは、ずっと前を向いて生き続けることは難しい。
互いのことに共感したり、意見をぶつけ合ったり、応援したり、助けられたり、一緒に何かに取り組んだり、人生にはそんな時間が必要だ。

だから、私たちは「場」をつくっている。
様々な想いでつながれる「場」があることで、自らを表現し、新しい人と出会い、仲間の輪が広がっていく。喜びを分かち合うことも、苦しいときに逃げることもできる。小さな行動から、大きなムーブメントになることだってある。
そう、「場」には人生を肯定する力がある。

それぞれが自分の人生を肯定できるようになるために、ひとりでも多くの人と、ひとつでも多くの「場」を発明し、誰もがありのままに生きられる世界をつくっていく。

ファウンダーズ・ステートメント

るけれど、「あらねば」の原動力で走っているだけでは安心感は得られない。これからもずっと頑張り続け、会社の成長と成功を引っ張っていかなきゃいけないんだというプレッシャーは重くなるばかりだった。

そういう苦しいサイクルは、実は自分のメンタルモデルが生み出しているものなんだと気づいてからは、「ちょっと待てよ」と立ち止まることができるようになった。

自分が本当に願っていることと今やっていることはつながっているんだっけ？

「あらねばならない自分」のワナにはまって、肩肘張って頑張ってないかな？

そんな風に自分のあり方を問い直すことができるようになり、肩の力が抜けてきた。同じことを追い求めるにしても、願いから「そうありたい」と思って動くのと、焦りから「あらねば」と思って動くのはまったく違う。周りのみんなにも、「少し前はなんだか気を張ってる感じがしたけれど、最近はリラックスしていていい感じだね」なんて言われるようになった。

ただ、自分のメンタルモデルというのは簡単に変わるものではない。今でも、ストレスフルな状況では、「ありのままの自分」ではなく「あらねばならない自分」で動こうとしてしまうことがある。先に触れたロゴリニューアルプロジェクトの失敗は、そういうときに起きたことだった。でも、「自分にはこんなメンタルモデルがある」と知っていれば、「あれ、なんだか上手くいかないな」と思ったときに「またあらねばならない自分で動いちゃってないかな？」とチェックし、態勢を立て直すことができるようになる。

これは僕にとってとても大きなことだったので、周りの人にもメンタルモデルの話をしてセッションを受けることを勧めたり、誰かと話し合いをするときも「この人はこう言っているけれど、本当の願いはなんだろう」と考えながら向き合うようになったりした。


僕は今、〝寺〟みたいな会社をつくりたいと思っている。

一体何を言い出すのかと思われるかもしれない。お寺って法事やお墓参りのときに行くものでしょう？というイメージを持っていると、意味が分からないだろう。

昔の寺は、地域の交流の場であり、生き方を学ぶ場だった。また、行き場のない人や罪を犯した人も受け入れてくれる場所だった。

僕らの会社も、集ってくれる人たちのそれぞれの人生を肯定的に受け入れ、そこに集う人たちの精神性が少しずつ高まっていくような場所にできたらいいな、と思っている。

アメリカのビジネス界でブームになって日本でも注目されているマインドフルネスは、元はと言えば禅の瞑想だ。自分のやるべきことは何か、その答えを外側に求めるのではなく、自分の内側に向き合うことで見出していく。そういう姿勢が日常になっている会社は、きっとみんなが生き生きとし、仕事も楽しいものになるんじゃないだろうか。そしてそれは、会社のビジネスに対してもいい影響を与えるはずだ。その点については2章で詳しく説明したいと思う。

感謝をやり取りするためのコミュニティコインから、感情の自覚と分かち合いのためのカードへ

自分やみんなの「ありのまま」を受け入れること、その第一歩は、今の「感情」「気持ち」に目を向けることだ。会社の中でも仕事の話ばかりするのではなく、お互いに「今、どんな気持ち？」と聞きあったり、「自分は今、どういう感情を抱いているんだろう」と考えてみるのがとても大事だ。

そんな感情の把握とシェアをやりやすくするための道具として、僕は最近『ｅｍｏｃｈａｎ』というものを作った。これは８種類の感情を表すカードで、それぞれの感情にどんな意味があるのか、その役割も書いてある。

使い方は自由だが、例えばミーティングを始めるとき、ちょっと時間を取って、みんなが自分の今の気持ちに近いと思うカードを選び、シェアしていくのもいいだろう。「実は今、ちょっと悲しい気持ちで……」といった話から、相手の知らなかった面が見えたり、カードを通じて感情を学ぶことで、感情そのものに向き合いやすくなっていくはずだ。

８種類の感情＋JOKERからなる９枚の『emochan』カード

このカードを作ったのは、僕が2018年に立ち上げたKOUという会社だ。ツクルバとは別の流れで、自分にできるアクションの一つとして新しい会社を創った。そこには、資本主義的なものさしに対してオルタナティブを作りたいという想いがあった。

これまでの資本主義のもとでは、売上や利益、資産の額など、経済的な指標で測れるものが評価の対象になり、そうでないものはなかなか評価されづらい。会社であれば、熱狂的なファンがたくさんいるとか、社員がものすごく結束しているとか、そういうこと自体は数値に換算できないので評価が難しい。個人についても、売上とか顧客獲得件数とか、数字で測れるものを評価するのは簡単だ。でも、「この人がいるからチームの雰囲気がいい」とか「いざとなったら助けてくれる友人がたくさんいる」とか、そういうことは本当は大事なのに評価されづらい。

大事だけど評価の対象にならないのは、数値化されないというのが一つの理由だろう。それなら、数値化できるようにすればいい――そう考えて、KOUでは最初にコミュニティコインのアプリを作った。

コミュニティコインというのは、サークルや地域、友達のグループなんかのコミュニティ内でやり取りする「お金」のことだ。円やドルなどの法定通貨とは違って、コミュニティの中で単位や通貨のデザイン、交換方法などを決めて使う「地域通貨」を拡大解釈したものだ。

地域通貨自体は世界中のあちこちで実践されていて、そのやり方にはいくつかの種類がある。僕らのアプリでは「手帳型モデル」といって、実際に紙幣や硬貨をやり取りするのではなく、コミュニティ内でのコインのやり取りをメンバーそれぞれの手帳に記録していく方式を採用した。

例えば、Aさんが「今日、Bさんに励ましてもらってとても元気が出たから、千ポイント渡そう」とアプリを操作すると、Aさんの手帳にはマイナス千ポイント、Bさんの手帳にはプラス千ポイントが記録される。このとき、Aさんは元手として千ポイントをどこかから購入したりする必要はない。コミュニティのメンバーは、自分がいくらもっているかは関係なく、「この人にポイントを渡したい」と思ったときに好きなだけ渡すことができるのだ。そうすると、マイナスの値が大きくなる人もいるだろうが、それは別に悪いことではない。その人はコミュニティ内でたくさん助けてもらっていると同時に、他のメンバーの貢献を引き出したことの証明になる。もちろん、プラスになればコミュニティのみんなに貢献できていることが実感できる。それぞれの手帳の履歴を見ると、メンバー同士が互いに助け、助けられてきた、気持ちの交換の積み重ねが見えてくるのだ。

このようにして、お金ではない価値のやり取りが可視化されることを目指したのがコミュニティコインのアプリだったが、これは僕らが意図したようには流行らなかった。「コイン」という響きはどうしても、貨幣経済におけるお金を連想させるのだろう。そうでない価値のやり取りってなんなのか、そこになんのメリットがあるのか、そういうことがなかなかユーザーに伝わらなかった。

ただ、少ないながらもアプリを素敵に使ってくれるユーザーもいた。それは、職場内でのコミュニケーションに使ってくれている人たちだった。例えばインターンの学生とそのメンター役の社員とで、「そういう仕事の仕方すごくいいね！」と社員からインターンにコインを渡したり、逆にインターンが「アドバイス、すごく役に立ちました」とコインを渡したり。職場内のメンバー同士でコインをやり取りして互いの関係性を良くしていくような使い方が、複数のコミュニティで見られたのだ。

コミュニティコインのアプリは職場で使うというシチュエーションに特化して作ったわけではないので、使いづらいところもあった。それなら、職場の人間関係の質の向上のためのツールをつくるのはどうだろう、と考えたのが、『emochan』誕生のきっかけとなった。

仕事を、豊かな経験を味わえる機会に

このアプリが職場で使われている様子を見ると、ポジティブな思いをコインに乗せて届けるということが行われていて、すごく素敵だと思った。ただ、そこからさらに関係性を深めたり職場を自分らしくいられる場にしていくためには、ポジティブだけじゃなくネ

ガティブな感情も共有できる方がいいんじゃないか。KOUのメンバーとディスカッションしていると、そんなアイデアが出てきた。

それじゃあ、感情と人間関係の深まりにはどういう関係があるんだろう？　そんなこともリサーチしてみた。すると、ネガティブなもの含めていろいろな感情を共有しあえるような関係がいいチームの土壌をつくるということは学術的にも分かっているという（これについては、2章で詳しく説明する）。個人としても、いつもポジティブでいることがいいわけではなく、ネガティブな感情を持つのにもちゃんと意味がある。その意味をきちんと味わうことが次の行動につながるということを、僕は経験から学んでいた。

そうやって話し合ったりいろいろ調べたりするうちに、ネガティブもポジティブも含めて自分の気持ちを伝え合うためのツール『ｅｍｏｃｈａｎ』のイメージが徐々に固まってきた。

『ｅｍｏｃｈａｎ』をつくる過程では、ＫＯＵのメンバー自身の感情の話もたくさんした。あるメンバーは、仕事の場で感情をシェアするということにかなり抵抗感を感じているようだった。彼がなぜもっとオープンになれないのか、最初は分からなかったのだけれど、1on1なども含めてじっくり話す機会を何度かもつうちに、彼のメンタルモデルがそうさせるんだということが見えてきた。彼は帰国子女のハーフで、子どもの頃に周りから理解されなかったり誤解されたりで、辛い思いをしたようだ。その影響で、「不用意なことを言ったら誤解される」というメンタルモデルが形成されていたようなのだ。

そんな彼も、一緒に『emochan』をつくる過程で少しずつ変わっていった。あるとき『ティール組織』の本を貸したら、彼は「ホールネス」について書かれているところを読んで泣いたそうだ。「まさか『ティール組織』を読んで泣くとは思いませんでした」と笑いながら、「自分を解放することで誰かとつながれるという側面も、たしかにありますね」と言ってくれた。

仕事というのは、人生の多くの時間を費やすものだ。その時間に、ポジティブもネガティブもひっくるめていろんな感情を味わいながら自分らしくいられるならば、人生はすごく豊かになるんじゃないだろうか。僕は、彼がそのことに気づいてくれてとても嬉しかった。

彼だけでなく、職場で「今の気持ちは？」と聞かれても正直に自分の感情を見せることに抵抗がある人は多いかもしれない。その抵抗感はすぐにはなくならないかもしれないけれど、「この場所なら、安心して感情を出せる」という職場を時間をかけてつくっていくことは可能だ。これについては、4章の対談をぜひ読んでほしい。

第2章

セルフサイクルとチームサイクルで個人の幸福とチームの生産性を上げる

感情豊かな職場は人を幸福にする

前章を読んで、「仕事上の人間関係ってそんなに重要？　自分やみんなの感情なんかに注目しなくたって、ちゃんと成果が出ればいいいんじゃない？」と思った人もいるかもしれない。

その疑問に対して僕は、例え仕事の場であっても、ポジティブもネガティブも含むたくさんの感情を味わえる方が人生が豊かになる。そして、それは成果にもつながる、と答えたい。

世界中の人々と比べて、日本には幸福を感じている人が少ない。国連の「世界幸福度調査」によれば、２０２０年に日本は１５６カ国中62位。２０１７年の51位から3年連続順位を下げている。この調査は、個人の主観的な幸福度に、国のＧＤＰ、社会保障制度などの社会的支援、健康寿命、人生の選択の自由度、他者への寛容さ、国への信頼度の６項目を加味して順位付けをしている。

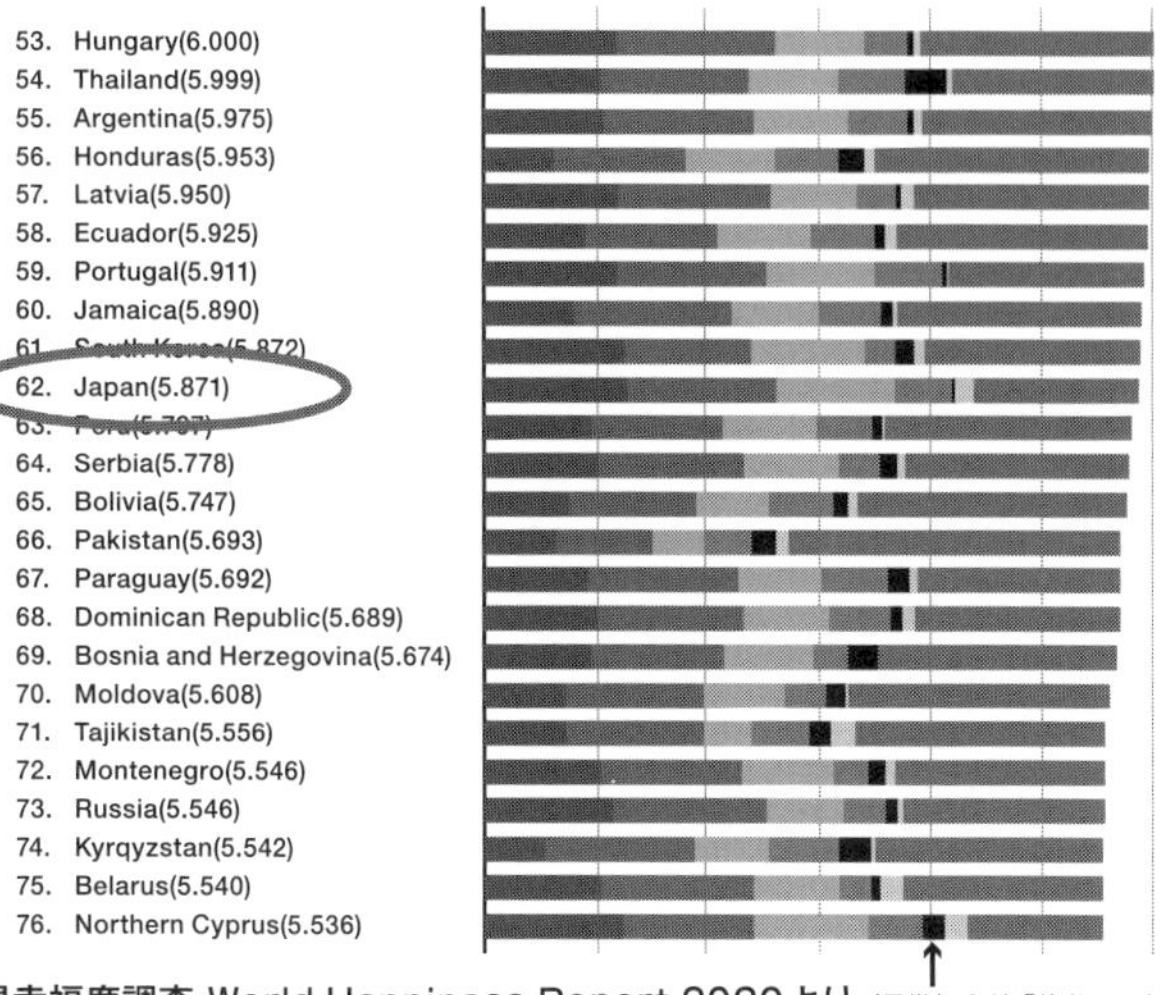

世界幸福度調査 World Happiness Report 2020より（黒帯部分が「他者への寛容さ」）

日本の場合は特に「他者への寛容さ」の値が他国と比べて低い。そしてこの項目は、主観的な幸福度やポジティブな感情と正の相関関係があることが分かっているそうだ。

「寛容」というのはまさに、「誰のどんな人生も肯定的に受け入れる」ということだと思う。職場においても、お互いがお互いを肯定し合う寛容さがあれば、メンバーの幸福度が上がっていく可能性が高いということだ。

とはいえ、仕事は仕事、まずは成果を出すために役立つことを知りたい。ビジネスを成り立たせ、経済を回して生活できるようにしないと人生の豊かさも何もないじゃないか、という人もいるだろう。ここからの話は、そういう人にもぜひ知ってもらいたい。

僕は、職場で「感情」を重視することが、個人の幸せはもちろんビジネス的な生産性の向上ももたらすと考えていて、それはなぜなのかを示そうと思う。

「なんでも言い合えるチーム」に必要な「心理的安全性」と、もう一つの大事なこと

ここ数年、「組織の生産性を上げるには心理的安全性が重要だ」ということが盛んに言われている。

きっかけは、グーグルが社内の何百ものチームを調査し、「いいチームをつくるのに最も重要なのは心理的安全性だ」という分析結果を導き出したことだろう。「プロジェクト・アリストテレス」と呼ばれるこの研究がニューヨークタイムズに取り上げられ、世間に広く知られるようになったのは２０１６年のことだ。

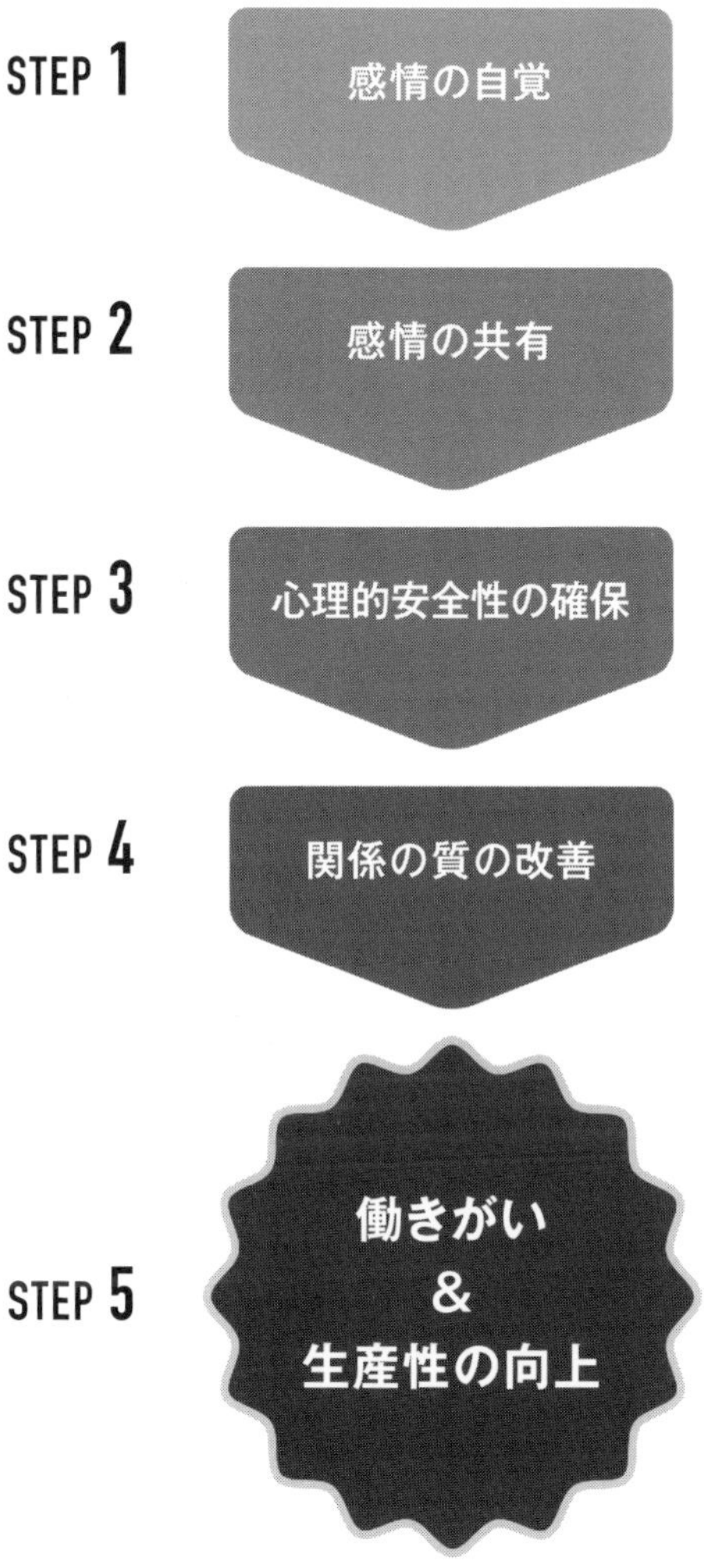

「感情」の視点を見直すことから仕事における幸せにアプローチできる

心理的安全性はハーバード・ビジネススクールのエイミー・エドモンドソン教授が１９９０年代後半から提唱している概念で、彼女の定義によれば「チームメンバーがお互いに『このチームでは対人リスクをとっても大丈夫だ』と信じている状態」を指す。

グーグルは、心理的安全性の高いチームのメンバーについて、「自分の過ちを認めたり、質問をしたり、新しいアイデアを披露したりしても、誰も自分を馬鹿にしたり罰したりしないと信じられる余地があります」と説明している。

僕の言葉で言い換えれば、メンバーがチームに対して、「このチームは自分を受け止めてくれる。自分とチームはつながっている」という安心感を持てている状態だ。


率直に意見を言い合えるチームは、そうでないチームよりも成果が上がる――これは、直感的にも「そうだろうな」とうなずく人が多いんじゃないだろうか。

でも、「自分の職場では、遠慮せずに何でも言い合える」と自信を持って言える人はどれほどいるだろう？

新商品のマーケティング施策について、みんなが「この案で行こう！」と言っているキャンペーンの内容に、あなたはなんとなく違和感を感じている。本当にこれで売れるんだろうか？　ちょっと違うんじゃないか？　そう思ったときに、自分の意見を言えるだろうか。

あるいは、リーダーとして目の前にある課題に対して明確な打ち手が見つからず、そのことをメンバーに伝えて一緒に考えてもらいたいと思うけれど、弱いリーダーだと思われるのが怖くて言い出せない。どうしても、完璧なリーダーを演じようとしてしまって辛くなっている、という人もいるんじゃないだろうか。

チームの他のメンバーに対して思っていることを率直に言えないとき、その原因はチームとのつながっている感覚が持てていないことにある。そして、その奥にはあなたが自分自身とつながっていないというさらなる原因があることが多い。

みんなが合意しているように見える案について誰かが異議を唱えたとき、「余計なことを言うな」ととがめられたり「この案でイケるって、なんで分からないんだ？」とバカにされたりするのなら、そのチームの心理的安全性は低くなってしまう。そんな場では、誰だって率直な意見が言いづらいだろう。

一方、チームの心理的安全性は高いのに、その中の個人が過度に萎縮してしまっているという可能性もある。実際に意見を言えば「なるほど、一理あるね」とか「何を懸念しているのかもう少し教えてくれる？」などと受け止めてもらえるチームなのに、「こんなこと言ったら疎まれるかも」とか「どうせ理解してもらえないだろう」と思い込んで言えない。そのような場合は、その人の考え方があるパターンにはまってしまっている可能性が高い。

ここで、「自分の意見なんて意味がない」と決めつけて発言できなくなってしまっているのはどうしてなのか考えてみると、「否定されるのが怖い」という怖れの感情に、さらにはその奥にある「本当は誰もが自由に意見を交わし合える安心を大切にしたい」という本心に気づくかもしれない。気づいた上で、「自分の本心に従って行動するなら、どういう行動をしたいのだろう」と考えてみると、内発的動機に基づいた「ありのままの自分」としての行動に出やすくなるはずだ。例えば、相手が上司であれ誰であれ、「まずは相手の意見を受け止めよう」と心がけるようになるかもしれない。言いたいことを我慢するということではなく、自分が願う安心な場をつくるために。

つまり、いいチームになるためには、率直に何でも言い合える心理的安全性も大事だけれど、それぞれが自分の内側と向き合ってみることも、同じくらい大事だ。

組織の成功循環モデルに見る「関係の質」の重要性

グーグルの「プロジェクト・アリストテレス」は、生産性の高いチームと心理的安全性の間に相関関係を見出した。では、心理的安全性が高いとなぜチームのパフォーマンスが上がるのだろうか？

そのことについてヒントを与えてくれるのは、マサチューセッツ工科大学のダニエル・キム教授の「組織の成功循環モデル」だ。

このモデルは、売上とか利益などの数値的な成果や、面白い企画が生まれるといった定性的な成果などの「結果の質」を得るには、まずは組織の中の「関係の質」を高め、そこからドミノ倒しのように「思考の質」、「行動の質」を高めていかなければ、いいサイクルを回し続けることはできない、ということを示している。

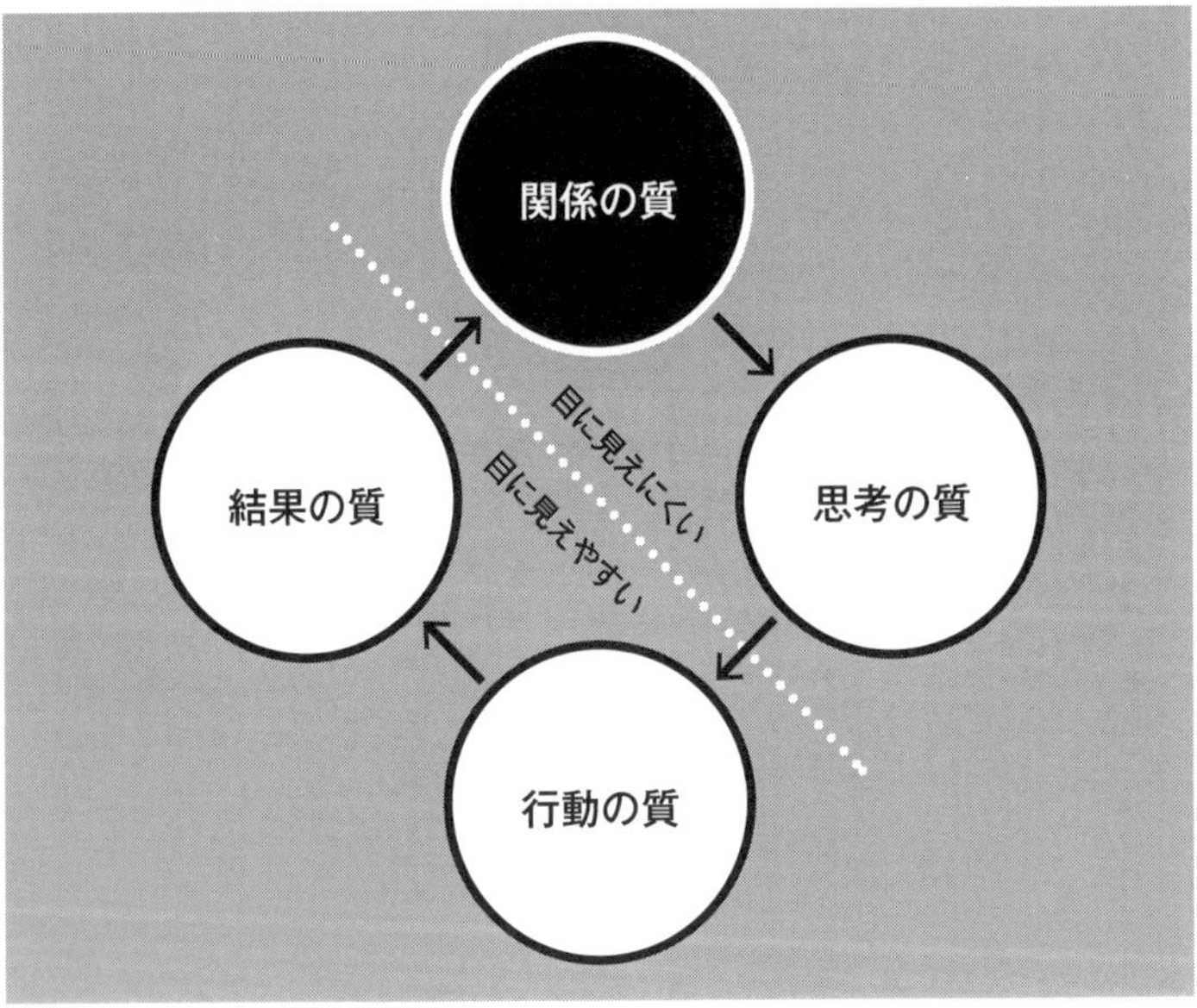

ダニエル・キム「組織の成功循環モデル」

これはサッカーのチームなんかを思い浮かべれば分かりやすい。お互いに理解して信頼できている（「関係の質」がいい）チームは、仲間の動きを見て次に想定している展開を感じ取ることができ（「思考の質」がいい）、それによって絶妙なタイミングでノールックパスを出す、というようないいプレイにつながり（「行動の質」がいい）、勝利という「結果の質」も手に入れられるというわけだ。

ビジネスの基本としてよく言われる「ＰＤＣＡを回す」というのは、この中の行動と結果にフォーカスが合っている。ＰＤＣＡを何度も回し、いくら素晴らしいプランを立てて実行しても、どうしても上手くいかないときがある。それはきっと、「関係の質」、「思考の質」という目に見えない部分にアプローチしていないからだということを、この「成功循環モデル」は教えてくれる。

心理的安全性と関係の質の関係、その高め方

「関係の質がいい」というのはどういうことか。

よく「みんな笑顔でフレンドリーな職場です」みたいな求人広告を見かけるけれど、組織としてのパフォーマンスが高い状態を実現するには、表層的なフレンドリーさを越えて関係の質を深める必要がある。「ここにパスを出せば、あの人が取ってくれるはず」と自律的かつ一体的な行動が取れるチームになるには、互いに信頼し合い、ビジョンを共有し、自己組織化された一つの生命体のようなチームにならなければいけないだろう。

「心理的安全性の高い職場」というと、「みんなが仲良く笑顔で居心地のいい会社」みたいなものを想像する人もいる。でも、心理的安全性の高い職場というのは「ぬるま湯みたいな職場」とは違う。自分が分からないことや、相手にとって耳の痛いことなんかも「関係性が壊れるのでは」と恐れることなく言えるような職場だ。

つまり心理的安全性が保たれているチームというのは、関係の質が深まり、メンバー

相互にしっかりとつながりができているチームなのだと考えられる。

関係の質の浅いところは、あいさつや日々の声かけといったことで到達できるものだ。だけど、もっともっと関係の質を深めていくには、互いに関わり合い、知り合うための機会や時間が必要だ。チームが一つになるような状態を目指すには、メンバーみんなで日常を離れ、仕事以外の話もたくさんしてお互いの人生観までを知ることができる、合宿やオフサイトミーティングなどが有効になってくる。スポーツチームが忙しい合間を縫ってでも、合宿をする理由はここにある。それはビジネスのチームづくりでも同じだろう。

ただ、そういうことはしょっちゅうはできない。あるとき非日常の時間を共有して相互理解と信頼が深まったと思っても、放っておけばその感覚が薄れていったり、新しく入ってきた人はその輪に入れなかったりする。だから、日常的にも関係を深めるための工夫ができるといい。感情を自覚し、チームで分かち合うためのツールとして『ｅｍｏｃｈａｎ』を作ったのには、そういう意図があった。

例えば毎朝1回、あるいはミーティングの冒頭に、チームのメンバーと「今の気持ち」

を分かち合う時間を取るとか、１on１をするときに最近の自分の感情を切り口にして対話してみるとか、そういう習慣を持つことで、少しずつ関係の質を深め、心理的安全性の高い職場に近づけていくことができるんじゃないだろうか。

チームとつながるには、まず自分とつながることからはじめよう

心理的安全性のある職場では、みんなと違う意見を言ったり、自分の弱みをさらけ出したりしても大丈夫だという安心感がある。それは、お互いに他のメンバーの声や気持ちに耳を傾け、真摯に受け止めようという姿勢があるということだ。

その状態に至るには、自分の感情と上手く付き合える必要がある。チームとつながるには、まず自分とつながる必要があるのだ。

僕は、チームとのつながりを深めていく取り組みを「チームサイクル」、自分とのつながりを深めていく取り組みを「セルフサイクル」と呼んでいる。

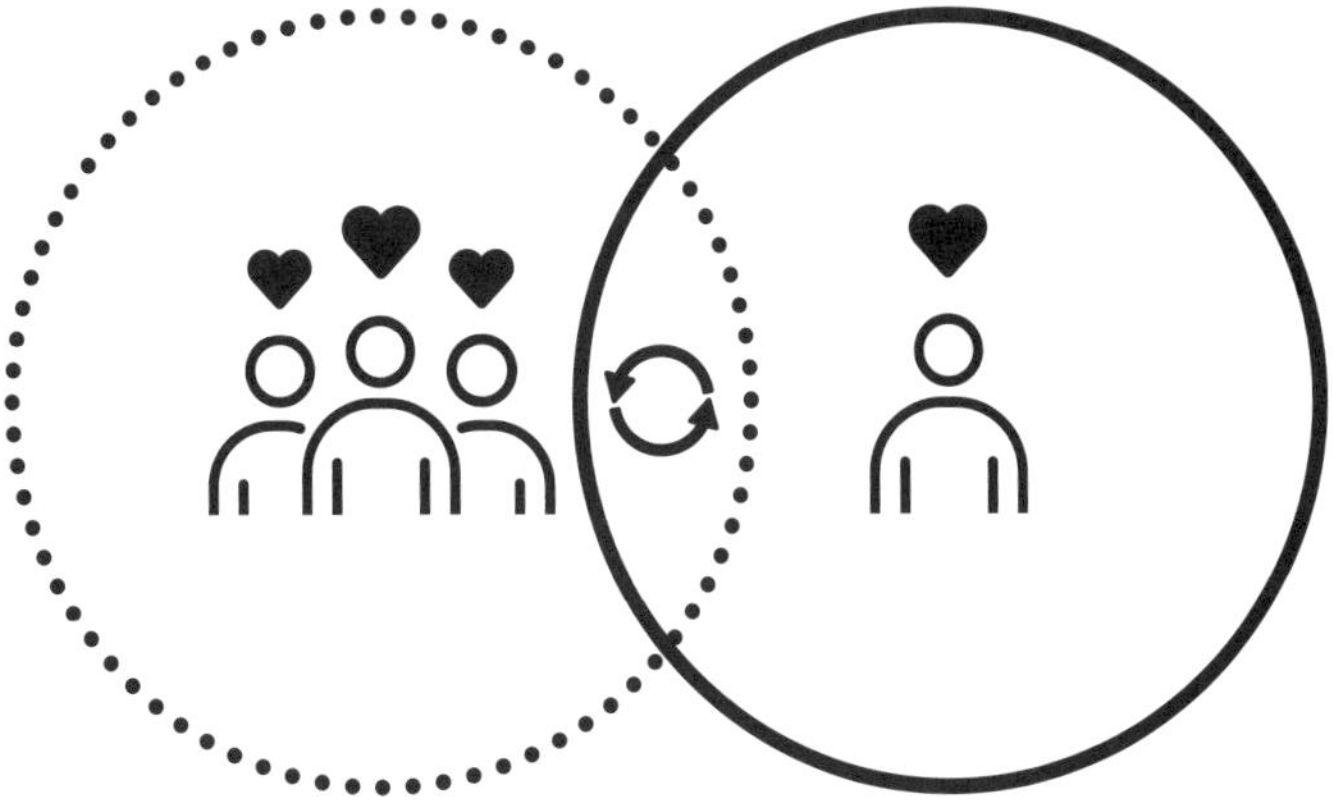

「みんな」で分かち合う

チームサイクル

仲間の心理的ステータスを知ることで、互いに人としての関心を向けていく。

「ひとり」で自覚する

セルフサイクル

感情に支配されるのではなく、客観視することで自分の感情を理解していく。

チームサイクルとセルフサイクル

どちらのつながりも一朝一夕に得られるものではない。２つのサイクルを回し続けていくことで、互いに相乗効果を生みながら深まっていく。徐々に自分の感情のクセを理解し、その感情を引き起こす認知のフィルターに気づき、自分のありたい姿も見えてくるようになる。そして、チームのメンバーと向き合っていても、その人の振る舞いや感情を受け止める余白が生まれ、遠慮せずに率直にコミュニケーションができる状況ができ、ビジネス的にも成果が出るようなチームになる。

まずはセルフサイクルで、自分が今どんな感情を持っているのかを自覚し、自分自身の声を聞く。それができるようになると、自分の感情を相手に伝えたり、相手の声や気持ちに耳を傾けて、感情を共有できるようになる。それを繰り返して相互理解が進み、共感ができるようになったときに、チームの心理的安全性が確保できるようになるはずだ。

チームのメンバーそれぞれが自分とのつながりを深めた上で、チームの心理的安全性が醸成されると、チーム内の「関係の質」が良くなり、チームとのつながりが深まる。その結果、「行動の質」や「結果の質」が上がり、チームの生産性が向上するとともに、メ

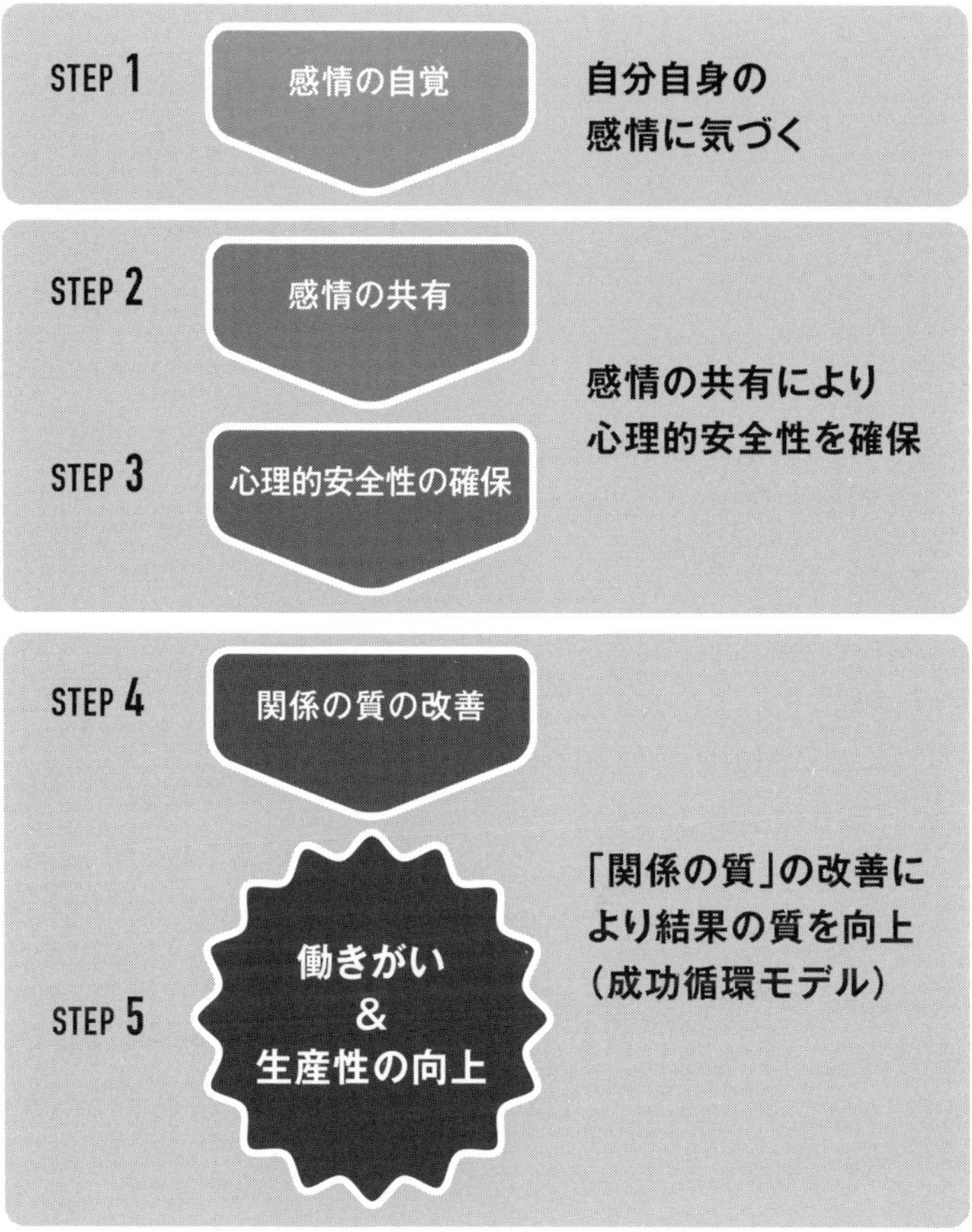

感情を自覚し、自身の声を聞くことで、他人の声を聞く力を磨くことができる。感情を共有することで、相互理解・共感の土壌をチームにつくる。そのことで、心理的安全性を確保し、関係の質が向上する。それゆえに、働きがい・幸福度がUPし、結果の質も向上する。つまり、個人も、チームも、会社も嬉しい。

ンバーは幸福や人生の充実を実感できるようになることが期待できる。

自分の感情を把握し、その意味を知る

『emochan』は、チームで感情をシェアするということの他に、その時々の自分の感情を把握し、その意味を知るということにも役立ててほしいと考えて作った。

『emochan』は、次の8種類の感情を表すカードで構成されている。

1. 喜び
2. 安心
3. 恐れ
4. 動揺
5. 悲しみ

6. 不快

7. 怒り

8. 期待

「今はどんな気持ち?」と突然聞かれても、上手く感情を言葉で言い表せなくて「え?普通です……」と答えてしまうような人も、「この中から選んでください」と言われれば、「あえて言うと、これかな」という感じで選ぶことで、自分の感情について自覚しやすくなるだろう。

この8つの感情は、心理学者のロバート・プルチックが考案した「感情の輪」と呼ばれるモデルから、基本感情とされているものを抽出したものだ。自分の状態に近いカードを選びながら、その感情を引き起こした出来事や意味を考えてみる。それを繰り返すうちに、自分がいつも大切に思っていることや、心から願っていることが少しずつ浮かび上がってくるはずだ。

1. **喜び** 大切にしている何かに気付くための感情です。
2. **安心** 大切にしている何かとつながるための感情です。
3. **恐れ** 何かから自分を守るための感情です。
4. **動揺** 新しい何かに集中するための感情です。
5. **悲しみ** 大切にしている何かを認めるための感情です。
6. **不快** 不健康な何かから距離を置くための感情です。
7. **怒り** 何かに立ち向かうための感情です。
8. **期待** 何かを見越して計画するための感情です。

感情の役割を学び、感情を扱うことに慣れていく

感情はよくわからないから、扱いにくい。感情がもつ「役割」を学ぶことで、自分や相手の感情と向き合いやすくなる。

僕らはどうしても、ネガティブな感情を持つことを避けようとする。だから、怒りがわいたり、不快な気持ちになったとき、その感情を見て見ぬ振りをしたり、「大したことない」と流してしまうことが多い。でも本当は、きちんと向き合うことで重要なことが見えてくるのだ。ネガティブな感情にも大切な意味がある。

例えばスポーツが好きな人は、スポーツを楽しんでいるときに喜びの感情に満たされるだろう。一方で、怪我をしてしまったり時間がなかったりし

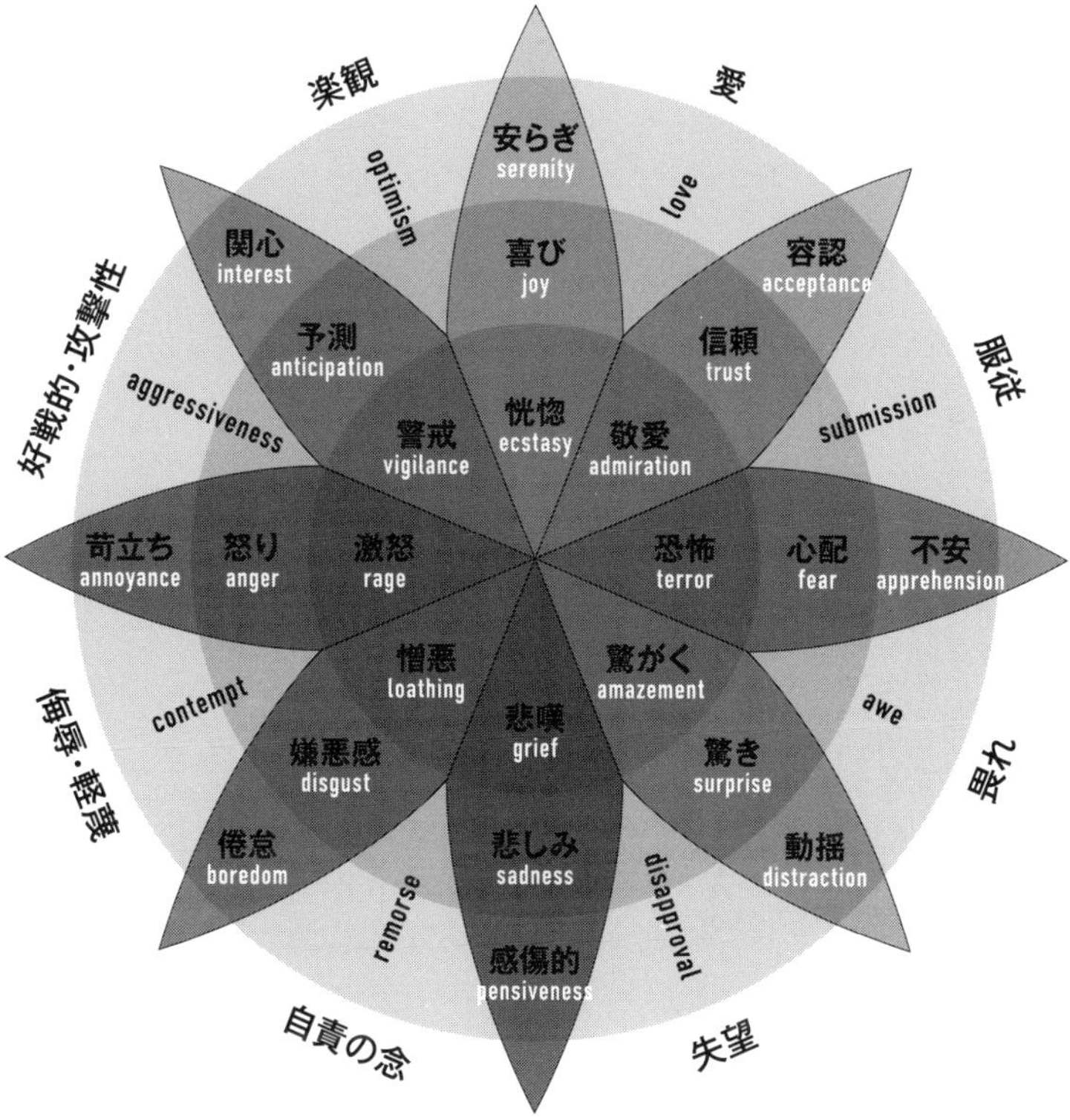

プルチックの感情の輪

（出典・"The Nature of Emotion by Plutchik"に日本語訳を加えた）

てスポーツができないときは、悲しみを感じるんじゃないだろうか。

実は「喜び」と「悲しみ」は、どちらも自分が大切にしていることとの関係から生まれてくる感情だ。好きなものがそこにあるときには、喜びを通して「やっぱり僕は、これが好きなんだな」と確認できる。好きなものを失ってしまったときは悲しみが大きければ大きいほど、自分にとってどんなに大切なものかが分かる、というわけだ。

プルチックの「感情の輪」を見ると、「喜び」と「悲しみ」がちょうど対角線上に配置され、この2つが裏と表の関係にあることが表現されている。他の感情についてもペアの関係があり、「安心」と「不快」は人や環境などとのつながりに対して、「恐怖」と「怒り」は自分を脅かす存在に対して、「動揺」と「期待」は新しい状況に対しての、異なる反応であることが分かる。

例えば、今日から新しいプロジェクトが始まるというとき、期待にワクワクするときもあれば、「上手くやっていけるかな……」と動揺して落ち着かないときもあるだろう。期待の感情があるときは「これから何ができるだろう」と今より未来に視線を向けていて、動揺の感情があるときは「今起きていることに集中して対処していこう」というモードにあると言える。今の自分の感情に注目する習慣がついてくると、自分の気持ちがどこに向かっているかが分かるし、他のメンバーはどうかな？と気にかけることもできるようになるはずだ。

感情を起点に自分の「認知のフィルター」を知る

セルフサイクルを回して自分の感情についての理解を高めていくためにぜひ知っておいてほしいのが、「認知のフィルター」という概念だ。

ある出来事に対してあなたが「悲しい」と思うとき、出来事と感情の間には、それらを結びつける何かがあるはずだ。

例えば、「オンラインで同僚とのコミュニケーションが上手くいかない」というのが悲しみの理由だったとする。でも、世の中には同じ事態に遭遇しても特に「悲しい」とは思わない人もいるだろう。「上手くいかないな」と思っても「次は大丈夫」と思える人もいるかもしれないし、悲しみを通り越して「怒り」を感じる人もいるかもしれない。

だけど、あなたは「悲しい」と感じる。それはなぜなのか。そこには出来事と感情を結びつける「認知のフィルター」が作用している。

このフィルターの存在に気がつかない限り、あなたは同じ出来事があるたびに、同じ感情を持つことになる。心の動きがパターンにはまり、強固に凝り固まっていってしまう。その場合、こういう状況に遭遇するたびに「またこうなっちゃった」「自分は上手くコミュニケーションできないんだ」「もうこんなことしたくない」と悲しみは増す。そんな気持ちで相手に接すれば、関係は改善するどころか以前よりも悪くなるかもしれない。そうやってどんどんとツボにはまり、ますます心の柔軟性は失われていくのだ。

セルフサイクルを回すようにすると、自分の感情を深掘りすることで「認知のフィルター」に気づき、心の柔軟性を高めていくことができる。

それでは、セルフサイクルのステップを、具体的に説明しよう。

セルフサイクル／STEP 1.　**出来事と感情の組み合わせを自覚する**

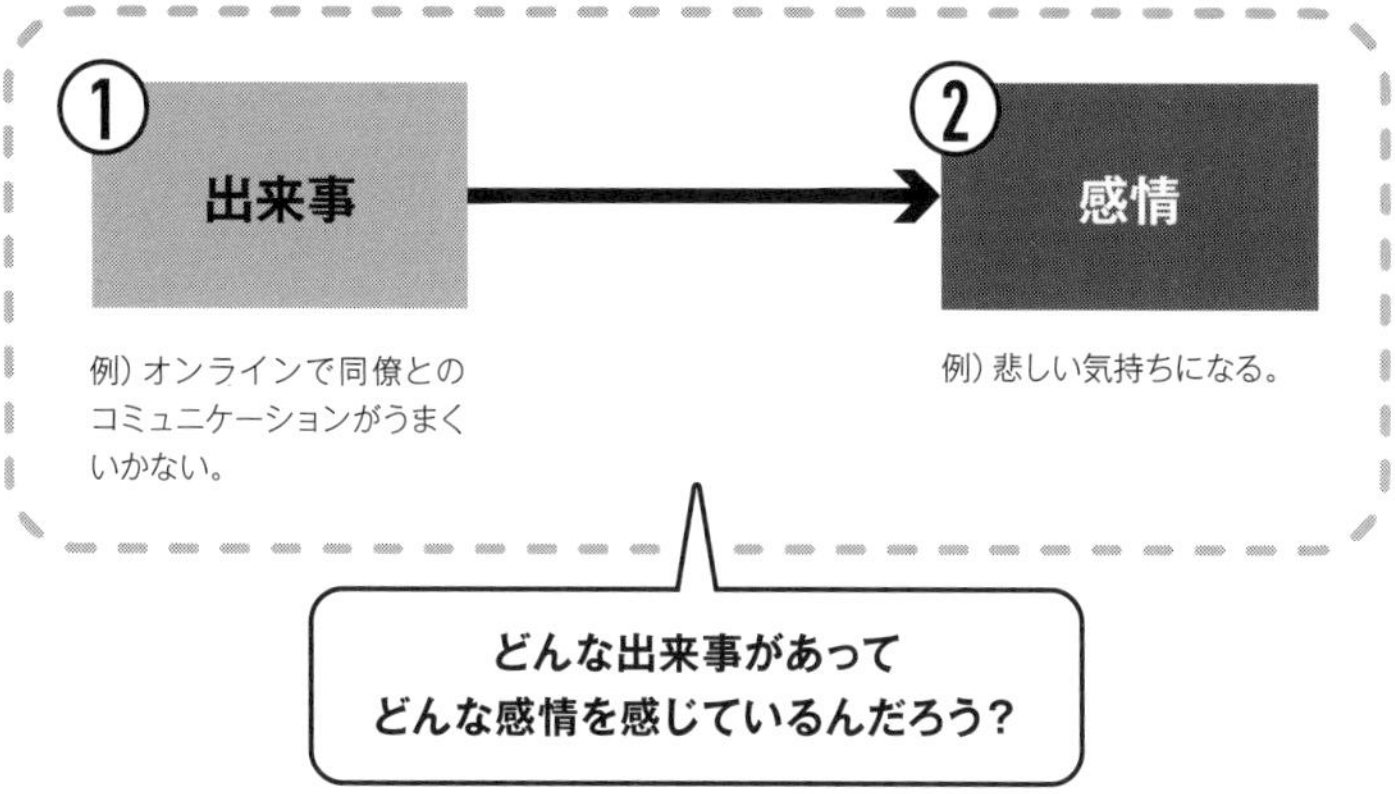
①
出来事
②
感情
例）オンラインで同僚とのコミュニケーションがうまくいかない。
例）悲しい気持ちになる。
どんな出来事があって
どんな感情を感じているんだろう？

《STEP1　感情を自覚する》

まず、自分がどういう出来事に対してどういう感情を持ったのかを自覚する。

例えば〝「オンラインで同僚とのコミュニケーションが上手くいかない」という出来事に対して、僕は「悲しい」という気持ちになった〟と自分の気持ちを言葉で表してみよう。

《STEP2　出来事と感情のつながりを深掘りしてみる》

次に、特定の出来事に対して、なぜそんな感情が沸き起こるのか、その理由を考えてみよう。

セルフサイクル／STEP 2-1. **出来事と感情のつながりを深掘りしてみる**

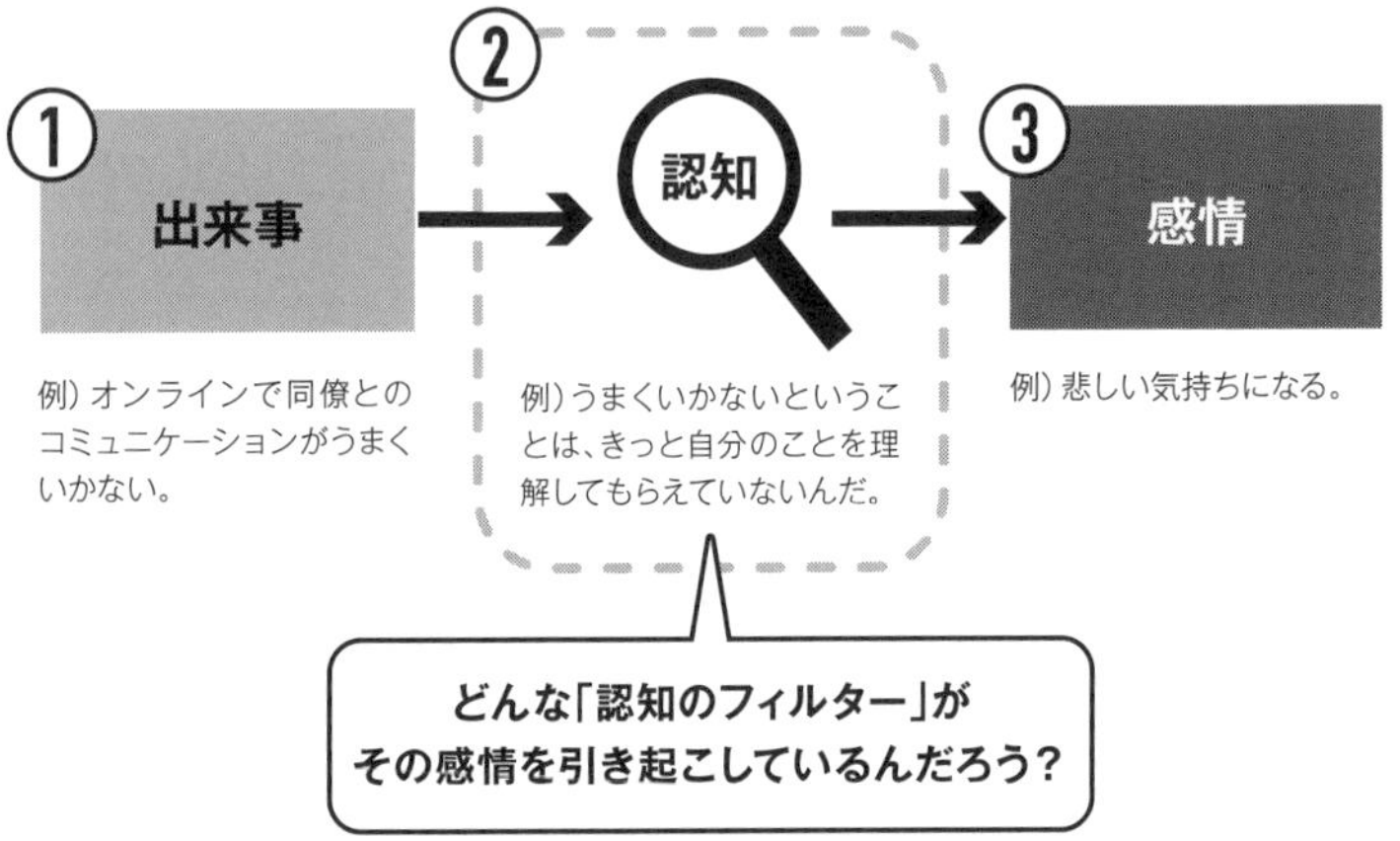
①
出来事
②
認知
③
感情
例）オンラインで同僚とのコミュニケーションがうまくいかない。
例）うまくいかないということは、きっと自分のことを理解してもらえていないんだ。
例）悲しい気持ちになる。
どんな「認知のフィルター」が
その感情を引き起こしているんだろう？

　例えば、「コミュニケーションが上手くいかないのは、相手に自分のことを理解してもらえていないからなんだ」という理由付けを、あなたは無意識にしているのかもしれない。それが「認知のフィルター」だ。

　この「認知のフィルター」がある限り、あなたはコミュニケーションにつまずくという出来事（図の①）があるたびに、このフィルター（図の②）を通して、悲しい気持ち（図の③）になってしまう。この①②③の組み合わせが固定化してそれ以外を選択しにくくなっている状態だ。

セルフサイクル／STEP 2-2. 奥にある願いを発見する

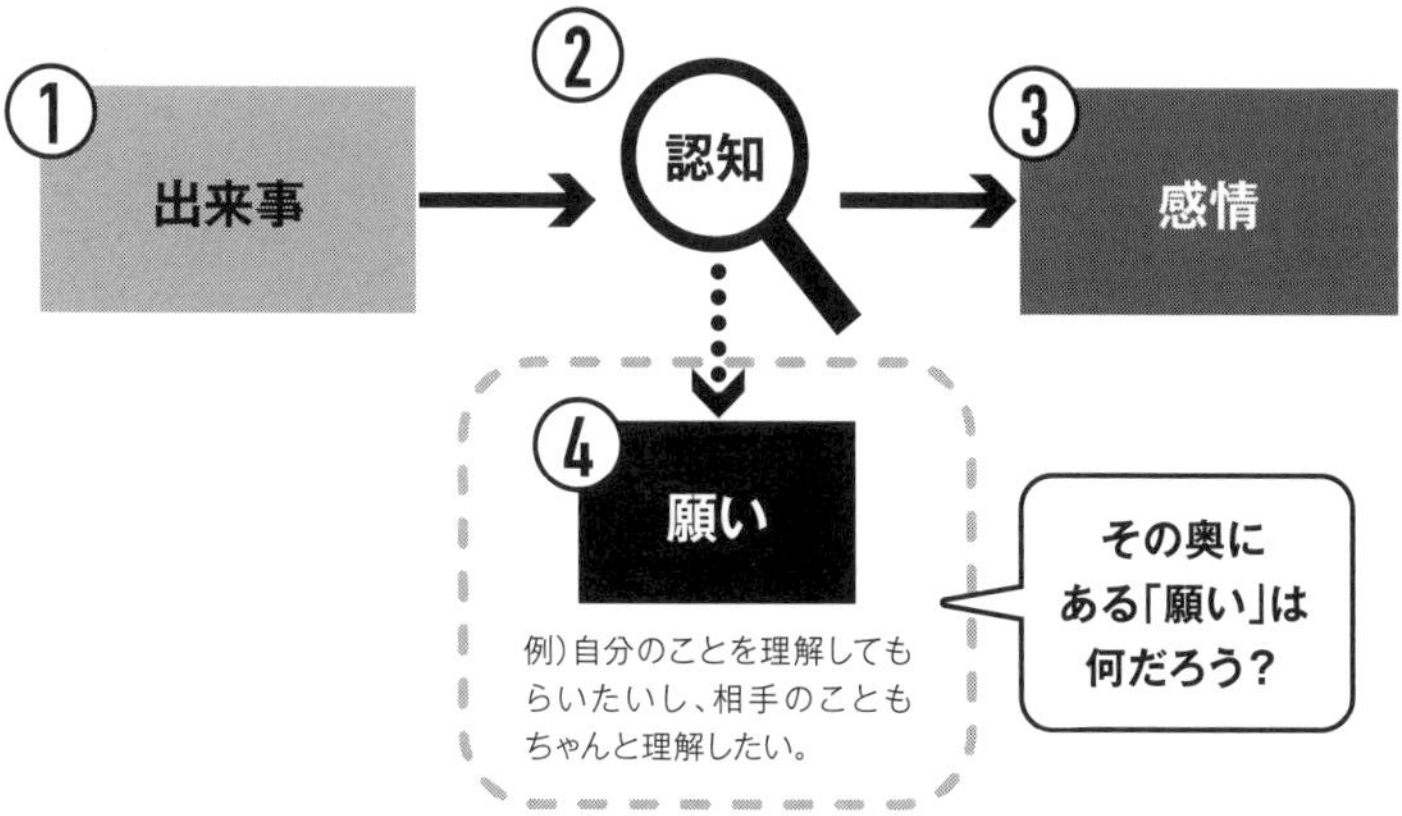
①
出来事
②
認知
③
感情
④
願い
例）自分のことを理解してもらいたいし、相手のこともちゃんと理解したい。
その奥にある「願い」は何だろう？

ところで、「認知のフィルター」というのは、僕らそれぞれが大切にしていること、「自分はこうありたい」と願っていることの裏返しだったりする。だから、もう少し深掘りを進めて「認知のフィルター」の奥にある自分の願い（図の④）はなんだろう？　と考えてみよう。

例えば、「相手に自分のことを理解してもらえていないからなんだ」という認知の裏には、「自分を理解してもらいたいし、相手のことも理解したい」という相互理解の願いがあるのかもしれない。

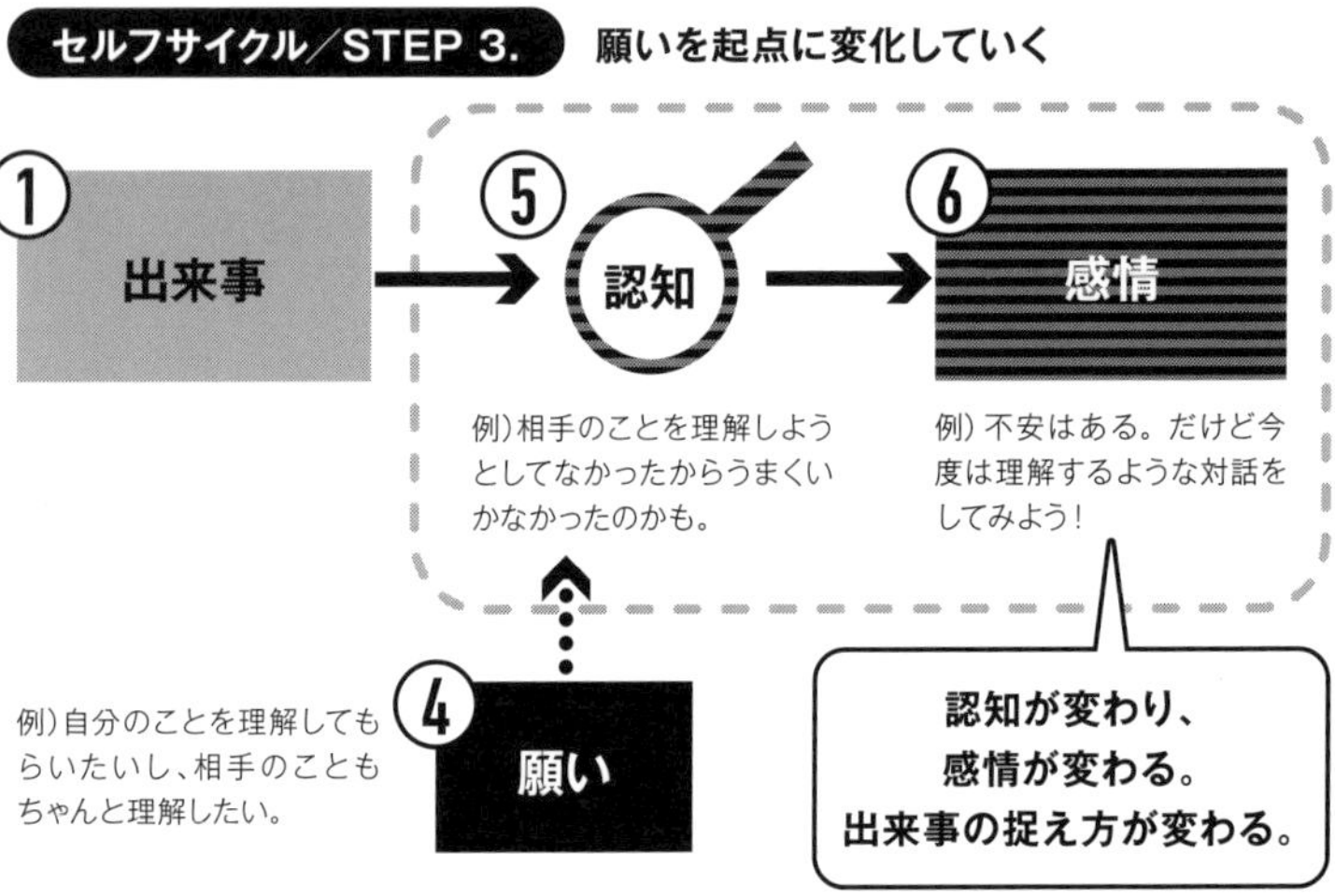
セルフサイクル／STEP 3.
願いを起点に変化していく
①
出来事
⑤
認知
⑥
感情
例）相手のことを理解しようとしてなかったからうまくいかなかったのかも。
例）不安はある。だけど今度は理解するような対話をしてみよう！
④
願い
例）自分のことを理解してもらいたいし、相手のこともちゃんと理解したい。
認知が変わり、
感情が変わる。
出来事の捉え方が変わる。

《STEP3　奥にある願いを起点にして変化していく》

「認知のフィルター」の奥に自分の願いを見つけられると、その願いを叶えるための新しいやり方が見えてきたりする。

例えば、「コミュニケーションが上手くいかなかったのは、むしろ自分が相手のことを理解しようとしていなかったからなのかも」という新しい認知のフィルターが得られるかもしれない。そうすると、単に「上手くいかなくて悲しい」というところに留まらず、「相手のことをもっと理解できるように、別のコミュニケーションの方法を試してみようか」などと、具体的な対処を考えられるようになる。

このように、「悲しい」という自分の感情をいったんは受け入れた上で、自分が本当に望む方向に向かって行動することができるのが、「自分とつながっている」という状態だ。

セルフサイクルを回して自分とのつながりを深めていくと、自分のありたい姿や大事にしたいものが少しずつ明確になり、それに向かって行動できるようになってくる。そうすると、仕事においてもそれ以外の場においても、大きな充実感を得られるようになるだろう。

セルフサイクルとチームサイクルの相乗効果が起きる具体的なステップ

セルフサイクルを回してチームとのつながりを深めていく方法としては、以下のようなステップを提案したい。

《STEP1 仕事仲間と感情を共有することを習慣に》

まずはチームのメンバーそれぞれが自分の感情を自覚し、分かち合う習慣を持とう。ミーティングが始まる前の5分間に『emochan』のカードを使って話し合うとか、そんなライトなやり方から始めるといいだろう。

このときのポイントは以下の二つだ。

① どんなことでも素直に発言すること

② 他の人の発言をジャッジメントせずに受け止めること

「今の僕はこんな気持ち。それは、こんな出来事があったから」という出来事と感情がセットになったエピソードの共有を積み重ねていくと、同じ出来事に出会っても人によって捉え方は様々であることに気づく。そして、「この人はこういうときに、こんな感情を持つんだな」ということが分かってきて、相互理解のきっかけになるはずだ。

チームサイクル／STEP 1.

仕事仲間と感情を共有することを習慣に

感情を受け止め合うことで
心理的安全性を醸成する

《STEP2 仕事仲間の願いを「聴く」ことを習慣に》

チーム内で感情の共有が日常的に行われるようになったら、メンバーが語る感情の奥にはどんな思いがあるのかを考えながら聴いてみよう。それぞれの大切にしていることや願いを聴きあう習慣ができると、相互理解や信頼がさらに進み、心理的安全性が高まっていくだろう。

その際、自分の感情を自覚し、心の奥の願いに気づく力がついている人ほど、相手の願いもよく聴くことができる。逆に、チームサイクルを回す中で人の感情や願いを聴くうちに、自分自身を内省する力も高まる。

つまり、セルフサイクルとチームサイクルは片方を回すことで、もう片方も回り始める。自分とつながることとチームとつながることには相乗効果があるのだ。

チームサイクル／STEP 2.

仕事仲間の願いを「聴く」ことを習慣に

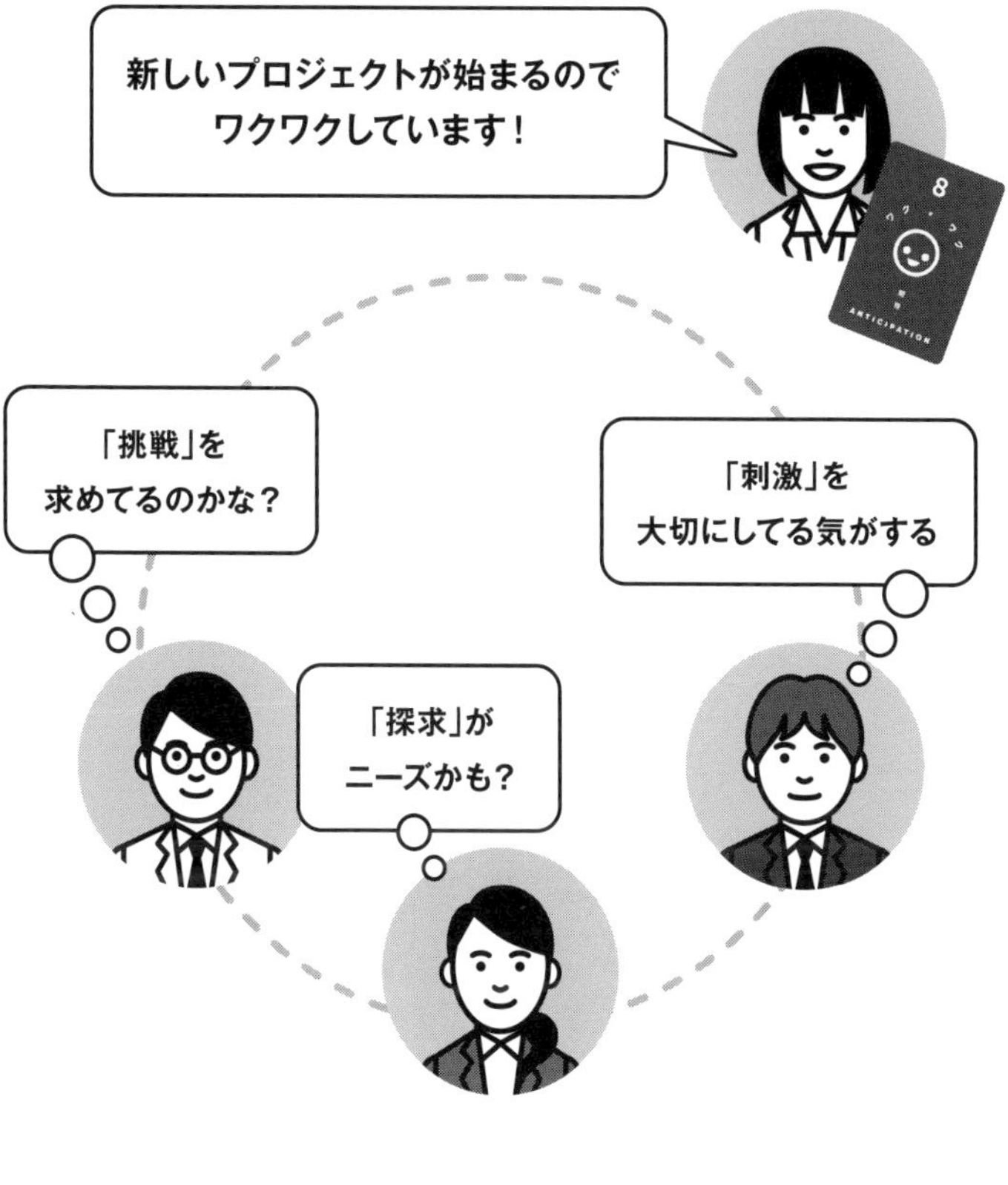

**人の願いを「聴く」ことで
自分自身で内省する力も高まる**

内側の願いと仕事をつなげることで自身の熱量とチームの生産性が上がる

セルフサイクルを回すうちに、自分だけでなく他の人の感情の変化や、その奥に潜む願いにも気付けるようになってくるというのは、僕自身が実感していることだ。

例えば『emochan』の制作に携わったデザイナーは、『emochan』を作りながらこれまで説明したようなことを学び、徐々に共感力が上がっていることを実感したそうだ。友達と話していても、以前なら気づかなかった言葉の裏側にある願いに自然と気づくようになったという。「今の話を聞いていて、実はこういう願いがあるんじゃないかと感じたんだけど」と言ったら、相手が「分かってくれて嬉しい」と思わず泣き出したこともある、と話してくれた。

僕も、メンバーとの1on1の機会などに、以前よりも深く相手の話を「聴ける」ようになった。言葉の表層の意味だけにとらわれず、「どういう背景でそう思うのかな?」「内側にある願いって、こういうことじゃないかな？」ということをよく話すようになったのだ。

セルフサイクルは個人の感情リテラシーを上げるサイクルだけれど、必ずしも一人でやらなくてはいけないというものではない。まずチームの誰かが感情についてのリテラシーを高め、対話によって周りのメンバーのセルフサイクルを回す手伝いをするのもいいし、チームのみんなでインナーテクノロジーのワークショップに参加したりするのもいいだろう。

1章で、会社を「寺のような場所」にしたいと書いた。それは会社に集う人たちのそれぞれの人生を肯定的に受け入れ、それぞれの精神性が少しずつ高まっていく場だ。そのためには、セルフサイクルを回すスキルが身につき、自分とのつながりが深まっていくプロセスがとても大切だ。

自分とのつながりが深まると、内側に持つ本当の願いに正直に行動できるようになっていく。それによって、もしかするとチームを離れていくという決断をするメンバーも出てくる可能性もある。寂しいかもしれないが、その人の本当の願いを閉じ込めてチームにい続けるよりも幸せなことだと思う。

逆に、「どうしてこの仕事を選んだのか、分かっちゃいました！」とチームにいる意味を強く感じられるようになるメンバーも出てくるだろう。そういう人を増やすべく、リーダーは、組織の目指すこととそれぞれのメンバーの内側の願いとをどうやってつなげるか、ということに力を入れてみたらどうだろう。

内側の願いと仕事がつながると、個人の熱量が上がる。その上でチームサイクルを回して心理的安全性の高い状態、みんながチームとのつながりを感じられる状態に持っていければ、チームの生産性は大いに向上し、ビジネス上の成果も得られるはずだ。

第3章

（対談）三好大助×中村真広

「自分の感情を受容することがなぜ大事なのか？」

三好大助（みよし・だいすけ）

1988年島根県生まれ。グラミン銀行・Google・米国スタートアップで、テクノロジーを通じた社会課題の解決に情熱を注ぐ。その経験と自身の心労から「本質的な世界の変化は、一人ひとりの内側の変化からこそ起こる」と気づき、退職。Google発の研究所SIYをはじめとする研究機関で、意識科学・組織心理学の探求を重ね、現在は組織開発のファシリテーターとして活動している。

どうして人は本心と違うことをせざるを得ないのか。グラミン銀行での体験から得た問い

中村　1章に書いたとおり、僕は大ちゃん（三好大助さん）に個人セッションをしてもらってすごく助かったんです。だから大ちゃんがやっていることや考え方を多くの人にもぜひ知ってもらいたくて。まず、今の活動内容やその背景を話してもらえますか？

三好　世の中には、自分自身についての理解を深めて内側から変化していくための技術がたくさんあるんです。僕はそれらを総称して「インナーテクノロジー」と呼んでいて、その中でも「いいな」と感じるものをキュレーションして、個人と組織に分かち合うということをやっています。

どうしてこういうことをやるようになったのかというと……僕、もともとは「世界を変えたい、社会問題を解決したい」という思いがすごく強くて、そのためにいろんな活動をしていたんですよ。

中でも大きかったのがバングラデシュのグラミン銀行での体験で。それが今やって

いることにつながっているんです。

中村　そこにきっかけがあったんですね。

三好　グラミン銀行って、知ってますか？　バングラデシュの農村の貧困問題を解決するために素晴らしいシステムを作ったNGOで、ノーベル平和賞をとっています。村の人同士で5人のグループを作って助け合うことを条件に少額のお金を貸す「マイクロクレジット」というモデルで、それによって村の人たちは貧困を抜け出すことができ、グラミン銀行もNGOでありつつちゃんと収益が上がるという、とてもサステナブルな仕組みです。

だけど僕がグラミン銀行にいたとき、その素晴らしいはずの仕組みが新たな社会問題を生み出していました。

この頃、ノーベル平和賞もとって世間から「儲かる仕組み」として知られるようになったことで、グラミン銀行にはすごくお金が集まるようになったし、他のNGOも同じ手法を採るようになったんですよ。このモデルであればドナーから資金調達もしやすいということで、グラミン以外の多くのNGOも、マイクロクレジットの仕組みでこぞって村の人たちに融資するようになったんです。

中村 過剰に貸しちゃったわけですか？

三好 そう。その結果、上手く言いくるめられた村の人たちは多重債務に陥って首が回らなくなり、グラミン銀行とは別のＮＧＯのケースでは、こともあろうに自殺者まで出るようになってしまって。

中村 うわぁ……。

三好 僕は凄まじくショックを受けました。だって、ノーベル平和賞を取るほどの美しいビジネスモデルに感動して、「これを学びたい、協力したい！」と思って飛び込んだんです。それなのに現場で見たのは、そのモデルが広まった結果、救われるはずの人たちが文字通り死んでしまうという状況でした。
僕が担当していた村も最初は歓迎してくれていたんですけど、だんだんと「グラミンなんて出ていけ！」という雰囲気になって……。当時は22歳くらいだったんですけど、「日本からわざわざバングラデシュに行って、僕は何してるんだろう」と悲しくて仕方なかったです。

僕だけじゃなく、グラミンの人たちや他のNGOの人たちも苦しいんですよ。だけど、現場の担当者としてはお金を貸さないことには自分が会社の中で生きていけなくなっちゃうから、おかしいと思いながらもやらざるを得ない。「倫理を持て」なんて言葉だけじゃ、変わらない現実があったんですよね。

中村 ちょうど潮目が変わる時期に居合わせたんですね。いつも思うんだけど、僕らは資本主義の中で生きていて、その強い力学に抗うのはとても難しいですよね。バングラデシュのNGOであっても同じで、職員の皆さんが自分の生活を成り立たせるためには目標を達成しなければいけないという圧力があって、最終的にはお金を借りる側の人たちに一番しわ寄せがいってしまったわけですね……。

三好 そういうことなんですよね。このときに僕は、どうして人は自分の本心とは違うことをせざるを得ないのか、という問いを持つようになりました。それが、後に内面の探求をしていくきっかけになったんです。

問題の根本は組織モデルではなく人の内面にあった

中村 グラミン銀行の後、グーグルに行ったんですよね。

三好 当時は、バングラデシュで起きていた問題は、組織モデルとか制度設計が良くないからじゃないかと考えていたんです。そのあたりのことを学びたくてグーグルに入りました。

中村 グーグルといえば、心理的安全性の重要性を世に知らしめた会社ですからね。

三好 実際、いろいろな学びがありました。だけど結局は、組織モデルや制度だけでは抜本的な解決にならないと分かってきたんです。そしてあるとき「一人の人間の内面の構造を探求する必要があるな」と思い立って、今にいたります。

中村 そうでしたか。

三好 すごくシンプルに言ってしまうと、マイクロクレジットを実施するNGOの人たちがああせざるを得なかった背景には、「正しさ」の蔓延があった、と思ったんですよ。「こうあるべき」という正しさですよね。「稼ぐべき」「目標は達成すべき」「弱音を吐かずに成長を追い求めるべき」みたいな。

「正しさ」そのものは、悪いものではないんですよね。方向性を決める力になるし、短期的に何かに向かうときにはすごく必要な機能です。ただ、組織の中が「正しさ」一辺倒になってしまうと、一人ひとりの内側にある「本音」や「違和感」は扱われなくなってしまう。

マイクロクレジットの例で言えば、現場の人たちの内側には絶対に違和感があったはずなんですよね。

「これは本当にこの人たちを幸せにする行為なのか」と。

でも「正しさ」を振りかざされてしまうと、その違和感は発露できない。あってはいけないものになってしまう。なぜなら「この目標を達成することが何よりも正しい」とされるから。その会社の「正しさ」に抗ったら、今度は自分がその会社で生きていけなくなるからです。

中村　「正しさ」が生み出す磁場は、たしかにありますね。これを実体験として持っている人は多そうです。

三好　実際、「正しさ」のデメリットを分かっている経営者は多いと思うんですよ。でも、どうして「正しさ」一辺倒のマネジメントが止められないかと言ったら、「正しさ」を支えている「怖れ」があるから。

「会社が成長できないとこんなことが起きてしまう」といった怖れを回避したいとき、人は「正しさ」を使います。この「怖れ」が大きければ大きいほど、「正しさ」の圧はより強くなる。

その結果、メンバーは現場で感じている違和感やインスピレーションを共有しづらくなって、結果、組織の成長の停滞や、マイクロクレジットの社会問題化のようなことが起きてしまうわけです。

内面を抑圧して推し進める「正しさ」は分断しか生まない

中村　今の大ちゃんの話を聞いて、僕も全然違うジャンルで同じようなプロセスを経てきたな、と思いました。

大ちゃんが最初に注目した「ビジネスモデル」というのが、僕の場合は建築でした。まさに「美しい空間を作りたい」という思いがあって建築を志したんだけど、「建築家がどんなに素晴らしい建築物を設計しても、それを上手く使っていく人々がいなければ素敵な場は生まれない」と思うようになったんです。そこから「つくると使うを統合する場作りが重要だ」と考えてツクルバを始めたんですよね。

その後、大ちゃんが組織モデルに注目したのと同じように、人の集団としての姿であるコミュニティや会社組織というものに向き合うようになりました。だけど、集団の質を決めるのは結局のところ個々の人だなと気づくようになり、今にいたります。

まったく違うルートなんだけど、大ちゃんがたどったのと同じような因数分解をしてきたんだな、と。

三好 たしかに、相似形ですね。
一応誤解のないように言うと、建築物もビジネスモデルも大事です。いくらコミュニティがあってもずっと青空の下でやっていけないですから、建物は必要です。組織が持続していくためにも、ビジネスモデルが超重要です。内面だけが大事だというつもりはなくて、両方なんですよね。

中村 僕もそう思っています。掛け算のイメージですね。

三好 「内面×ハードの構造＝体験する豊かさ」という感じかな。内面もハードも、どちらかがゼロだったら体験は貧しくなってしまう。ただ、今の世の中では内面の方が考察されきっていないと感じたので、僕が探求しようと思ったんです。

中村 すごく納得です。

三好 「正しさ」って、会社組織だけじゃなくていろんなところで分断を生んでいるんですよね。

例えば、人種差別の問題も同じです。「肌の色で人を差別すべきでない」ということは多くの人が正しいと思ってるじゃないですか。それでも２０２０年の今年起きたアメリカの黒人差別の問題のように、まだまだ差別的な態度はなくなっていません。その人たちに「差別なんてすべきじゃないだろう。それが正しいことだ」と言っても、平行線です。

なぜかと言えば、その人たちの内側には「差別せざるを得ない何か」があるからなんですね。例えば、ある人は幼少期に、外国人労働者によって父親が仕事を奪われて貧困の暮らしに苦しんだかもしれない。その痛みから、「二度とあんな想いをしたくない」という「怖れ」が生まれて、だから「外国人は街から出ていくべきだ」という「正しさ」が生まれたのかもしれない。

そんな人に、「差別はよくない！」と「正しさ」でぶつかりにいっても、反発されるだけです。仮に屈服させることができたとしても、必ず別の形で感情が噴出します。「正しさ」のやり取りを越えて、「正しさ」の奥にあるお互いの感情を理解し合わない限り、分断しか起きない。

「正しさの主張」から「感情の理解」へ。これは、人が集合している現場であれば、すべてに当てはまること。人類が進化する上での永遠のテーマだと思います。

「正しさ」を強化しても内面は満たされない

中村 「正しさ」は分断しか生まないというのは、本当にそのとおりだと思います。それぞれに「正しさ」がありますからね。

三好 あくまで仮説なので、読者の方は僕らがこう言っているのを「正しさ」として捉えずに〝味わって〟ほしいと思いますけどね（笑）。

中村 そうですね。でも、「正しさ」のために行動し続けるのはサステナブルじゃないというのは、個人に対しても言えることですよね。

三好 そうです。例えば、「ありのままの私は誰からも相手にされない」という痛みを抱えている人がいるとします。その痛みを回避するために「自分の価値を高められるよう、いち早く成長すべき」という「正しさ」をもとに行動するとしますよね。でも、痛みを避けるための行動って、その避けたい痛みを結局は味わうことになるんです。

中村 そのあたりを詳しく説明してください。

三好 では、図を描いて説明してみますね。

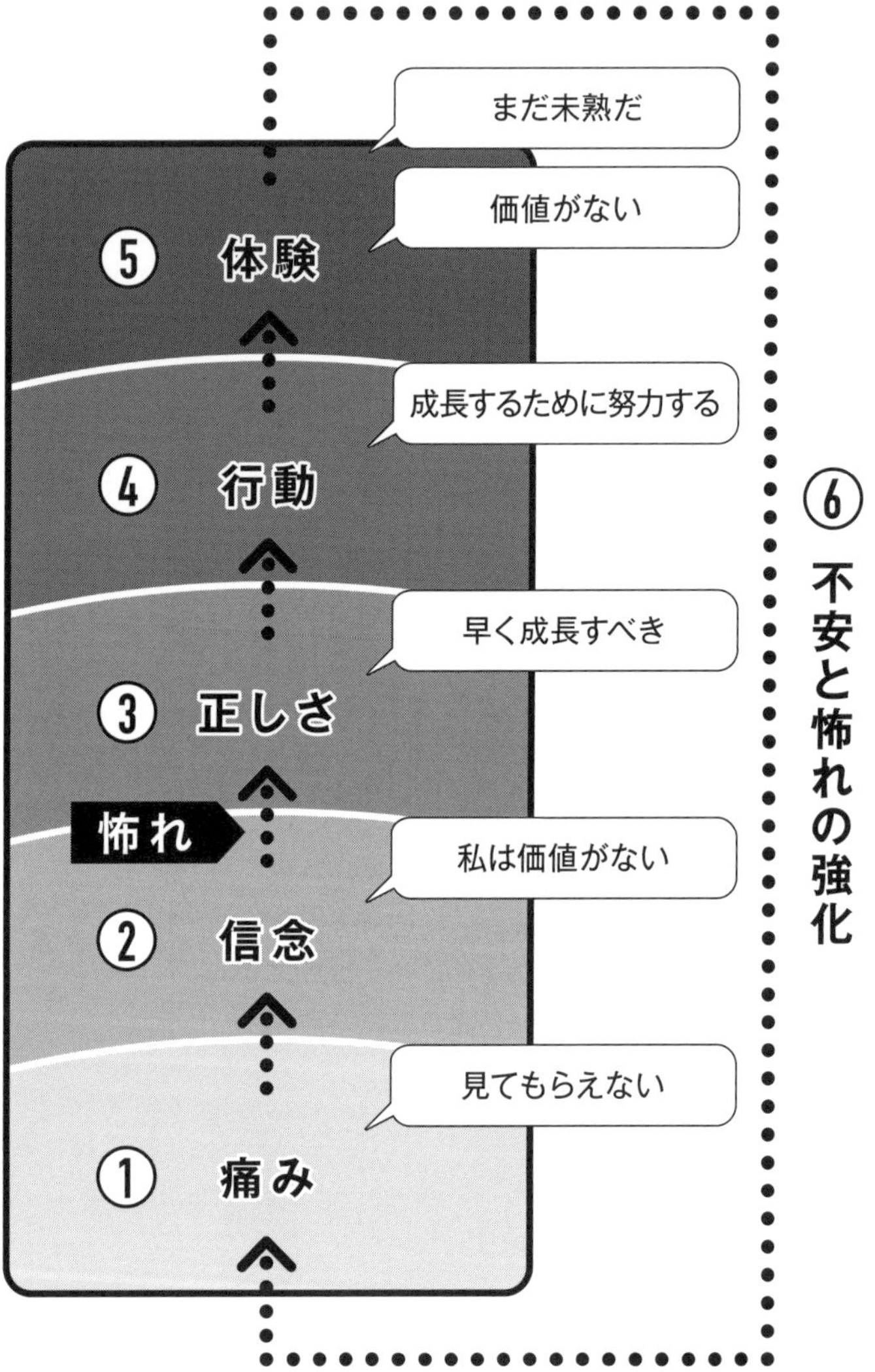

正しさの強化は不安と怖れの強化を生む

由佐美加子・天外伺朗 著『ザ・メンタルモデル』（内外出版社）を参考に、三好大助が作成誰にでも、「私は○○だ」という無意識にもっている独自の「信念」、自分に対する思い込みがあるんですけど、その背景には幼少期に体験した「痛み」があるんです。例えば、子どもの頃に共働きで忙しい両親から相手にされなくて、「私のことを見てもらえない」という痛み（①）を覚えたとします。ここで「なぜこの痛みは起きたのか？」という痛みの理由付けを、幼児は無意識にするんです。「見てもらえないのは、私は価値がない存在だからだ」という風に、「私が○○だから、この痛みが起きた」と自分を理由にするんですね。ここで生まれる自分像が「信念」（②）になります。

この「価値のない私」のままでは「見てもらえない」という痛みがまたやってきてしまう。この「怖れ」が「正しさ」（③）を生みます。「価値のない私から、価値ある私になるために、早く成長すべき」「そのために誰よりも努力することが正しい」と。

その「正しさ」に従って努力という行動（④）をすると、何かしらの結果が得られます。達成感を得られることもあるけれど、どこかでまた「まだ未熟だ」「まだ自分は価値がない」と感じさせられる体験（⑤）が必ずやってきます。そうするとまた過去の痛みがうずくので、また「正しさ」に従って努力します。この繰り返しなんです。このサイクルは悪いことではなくて、短期的には社会で生存していく能力を獲得することにつながります。でも、いくらサイクルを回しても不安と怖れは消えないんですよね。むしろそれが強化されていく（⑥）ので、精神的にも苦しいし、サステナブルではないんです。

中村　まさに、僕もこれだったんですよね。「自分はそのままでは価値がない」という信念があって、「周りに認められる結果を出すべき」という「正しさ」で動いてきて、そのループを回しまくることでツクルバができたんです。

特に起業家って、こういうエネルギーをもとにいろいろ生み出している人が多いと思います。大ちゃんの言うとおり、そのこと自体はいいも悪いもなくて、一つのエネルギー源ですよね。ただ、このループを回し続けるのは結構疲れる……（苦笑）。僕は疲れ切ってしまったところで大ちゃんに出会ったわけです。

「正しさ」のバトンパスは末端の人が一番辛い

三好 「正しさ」によって行動すること自体は悪いことじゃないけれど、一つデメリットを挙げるとしたら行動がパターン化してしまうということです。それ以外の選択肢がなくなって、行動の自由度が知らず知らずの内に制限されてしまうんですね。

さっきの例で言うと、身体を壊すまで、成長のための努力を止められなかったりする。本当は身体を休めたり、成長へのプレッシャーが少ない方が、かえって成長しやすいかもしれないのに。

でも「怖れ」が強ければ強いほど、「正しい」と思っている行動以外は取りにくくなります。このパターン化した状態では、人間が本来もっているクリエイティビティは発揮しづらくなると思ってるんですよね。

中村 ある出来事に対して、常に同じ反応をして同じ行動がそのままでてくる、という感じですね。

三好 そうです。

中村　組織の中でも、特にヒエラルキー構造があるときに「正しさ」のサイクルが強化されていく傾向がありそうです。

三好　まさにそうですね。

中村　ある人がプレイヤーからマネージャーになると、「マネージャーは完璧であるべき」と自分でも思うようになるし、周りの人からも「答えを持っている存在」という期待をかけられて、「正しさ」がすごく助長されていく構図があると思うんです。僕自身もそういうスパイラルにはまっていたな、と自覚しています。会社が成長していってどんどん人が増えていくというタイミングで、このスパイラルのスピードがどんどん速くなっちゃったんですよね。

三好　多くの会社で起きることですよね。「正しさ」ってどんどん受け継がれていくんですよ。マイクロクレジットのNGOの例もそうですけど、トップの人が「正しさ」を振りかざして「こうあるべき」というのを押し出すと、言われた側のミドルの人が取れる行動は、反発するか服従するかのどちらかなんです。反発すると「正しさ」と「正しさ」がぶつかり合って分断する。一方で「服従」というとちょっと大げさですけど、トップの言葉に従うなら、今度は自分の部下に「正しさ」を押し付けることになります。「正しさ」のバトンパスみたいになるわけです。これって、末端の人の方がより強い圧を受けるんですよね。

中村 組体操みたいなもんですね。下の人ほどしんどい。

三好 そうそう。下に行けば行くほど、その「正しさ」がどこから来ているのか分かりづらいですよね。なぜそうなるのかを理解させてもらえなくて、「経験が浅いんだから、まずは言うことを聞いてやってみるもんだよ」なんて別のあるべき論で押されちゃったりして。

この「正しさ」のバトンパスによってパターンに染まっていくというのは、価値観とかバリューみたいな言い方をすると格好いいんですけど、行き過ぎるとパターンへの依存が起きます。

特にコロナ後の世界って、一つの正しさだけで突破できるような易しい市場環境じゃないですよね。そういうときこそ、常に顧客の声を聞いている現場の人たちの声が有効なはずなんです。でも、「正しさ」でマネジメントしていると現場からの

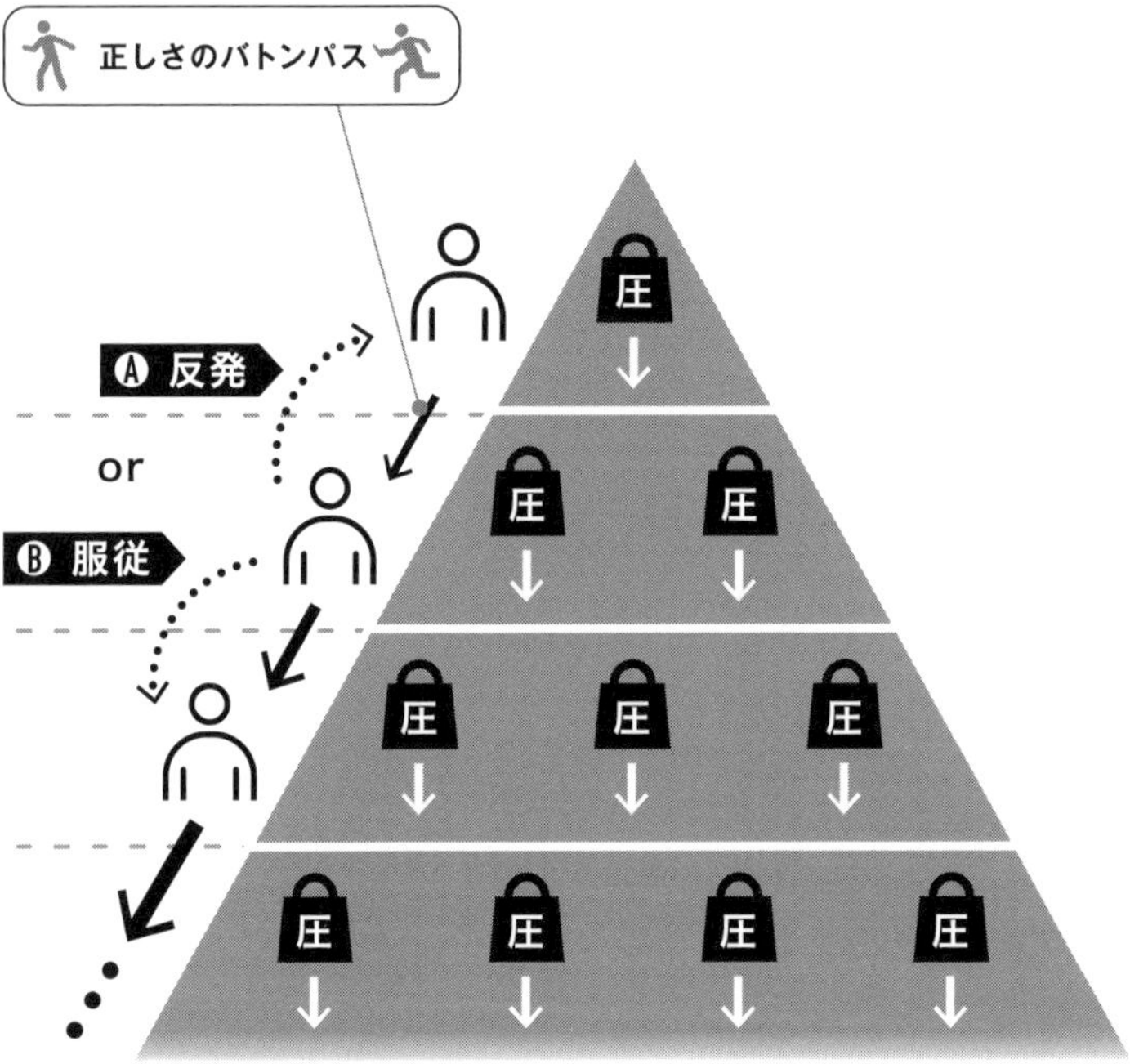

正しさのバトンは末端の人が一番辛い

声を経営リソースとして活用できなくなります。

中村 「正しさ」の磁場でかき消されちゃう。

三好 一人ひとりの違和感やインスピレーションなんかを安心して開示できるというのは、経営にとっても大きな力になるはずです。現場からいろいろな感情が循環していくような環境ってすごく大事ですよね。

組織に必要な求心力と遠心力

中村 僕がこの本で強調したいのは、チームの心理的安全性はとても大事だけど、そのためには個人が自分の心と向き合い、自分の願いに向かって柔軟に対応できることも大事だということです。特にトップが「正しさ」のパターンにハマって柔軟になれず、怖れのマネジメントをしていると、心理的安全性なんて生まれないですよね。

三好 そうですね。ただ、「どちらかしかない」という二元論に陥らないように、マネジメントには遠心力と求心力の両方が大事だという話をさせてください。

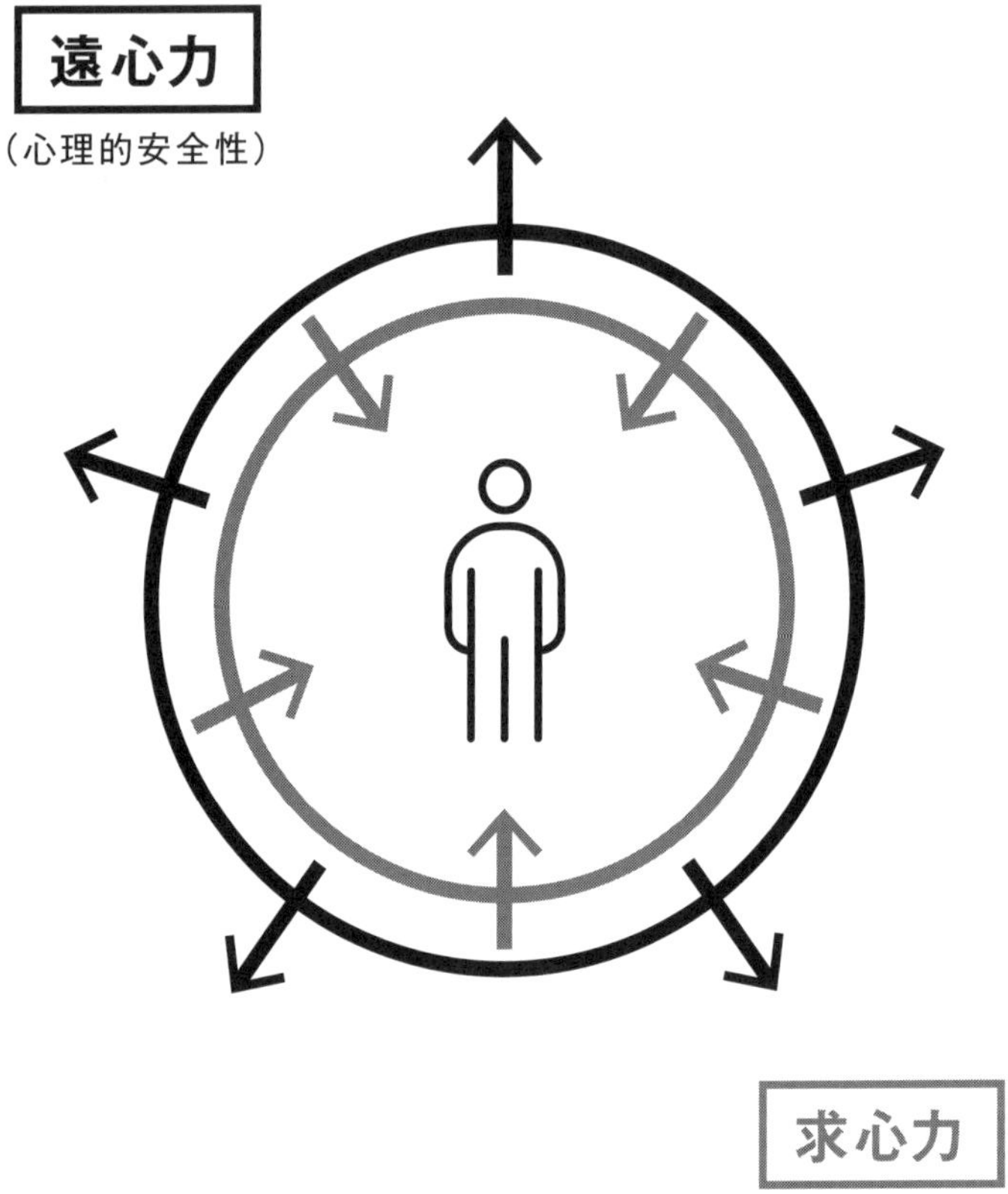

マネジメントには遠心力と求心力の両方が大事

中村　遠心力と求心力？

三好　この図の真ん中にいるメンバーにとって、遠心力というのはまさに心理的安全性のようなものです。それぞれが自由に、向かいたい方向に向かって行くのを許容する度合いです。

ただ、遠心力だけが効いているとバラバラに分解しちゃいますよね。何をやってもOKという野放しだと、まとまりがなくなっちゃう。

片や求心力は逆向きのベクトルで、「正しさ」というのはこちらの力になります。「正しさ」を押し付けちゃうと縛ることになって自由がなくなってしまうけれど、方向性を決めたりチームとしてのまとまりを保つという意味では必要なものです。両方ないとバランスが取れないんですよ。

中村　ツクルバも成長の中でこの課題と向き合ってきました。最初はサークル的なチームだったから、求心力は意識しないでもあったんですね。だから、マネジメントとしては遠心力を効かせてきました。企業理念（ミッション）として〝「場の発明」を通じてほしい未来をつくる〟というものを掲げているんですけど、「個々のやりたいことを持ち寄って事業のタネを発明していこう！」という実験場のような雰囲気を大事にして。

それが人数が増えて一定の規模になると、放っておいて求心力が生まれるという状態ではなくなってきました。共感し参加したいと思える「旗」をしっかりデザインすることが必要になって、ミッションのもとにビジョンやバリューを作り、求心力の強化を図りました。

三好 こういうのって、ある意味「正しさ」ですよね。「これが俺らにとっての『正しさ』だよ」と言っているわけで。最近、バリューを改めたんですけど、そうやってメンバーが共感できる旗を状況の変化に応じて掲げ直すというような調整も含めて、求心力マネジメントなんだと思います。まさに、求心力と遠心力の引っ張り合いですね。

中村 両方あるのが基本で、求心力を効かせるシーズンと遠心力を効かせるシーズンと、時期によって濃淡があるものだと思います。

三好 行ったり来たりするものだと。

〝呼吸〟なんですよ。

中村 なるほど、呼吸か！　面白いメタファーですね。

三好 吸い込む力が求心力。でも吸い過ぎちゃうと、身体の中が空気でパンパンで、動きにくくなっちゃいます。遠心力で吐き出しすぎると質量が減っちゃってスカスカになります。両方大事です。
でも、今の時代は「正しさ」を振りかざす求心力が効きすぎているから、そこは気をつけてやっていくとちょうどいいバランスになるんじゃないかな、と思っています。

個人の中の受容とパワー

中村 遠心力と求心力のバランスが必要という話は、個人にも当てはまりますよね。

三好 そうですね。個人の話をすると、自分の内にあるものを「受容」していく性質と、意志を持って現実を動かしていく「パワー」の性質、この二つでバランスを取っていると言えます。今はあまりに「パワー」の方に偏っているから、「受容」の話をする必要があるんです。

「受容」するには心が柔軟であることが必要で、今、自分がどういう感情を持っているのかを自覚するところから始まります。

ある体験をしたときに何かを感じる。その感情が確かに「ある」ということを「受容」すると、「この感情は一体何を伝えてくれるんだろう」と味わうことができ、自分の願いを理解することにつながります。

バングラデシュのNGOの例で言えば、本当は必要のないお金を貸すということに「苦しさ」があるということを受容する。そうすると、「自分は、組織や上司の要求に応えたいという気持ちもあるけれど、目の前の村人に対して誠実に貢献したいという気持ちもあって、その両方があるから苦しいんだな」という理解が得られるかもしれません。

中村 願いを満たすために、意志をもって自分の内にある願いをちゃんと全部理解できたら、その願いを満たすために、そうやって行動することも選べるようになるんです。
「受容」しないままだと反射的な反発か服従しかなくて、「受容」して内側にある自分のニーズを理解したときに初めて意志のある行動ができるということですね。

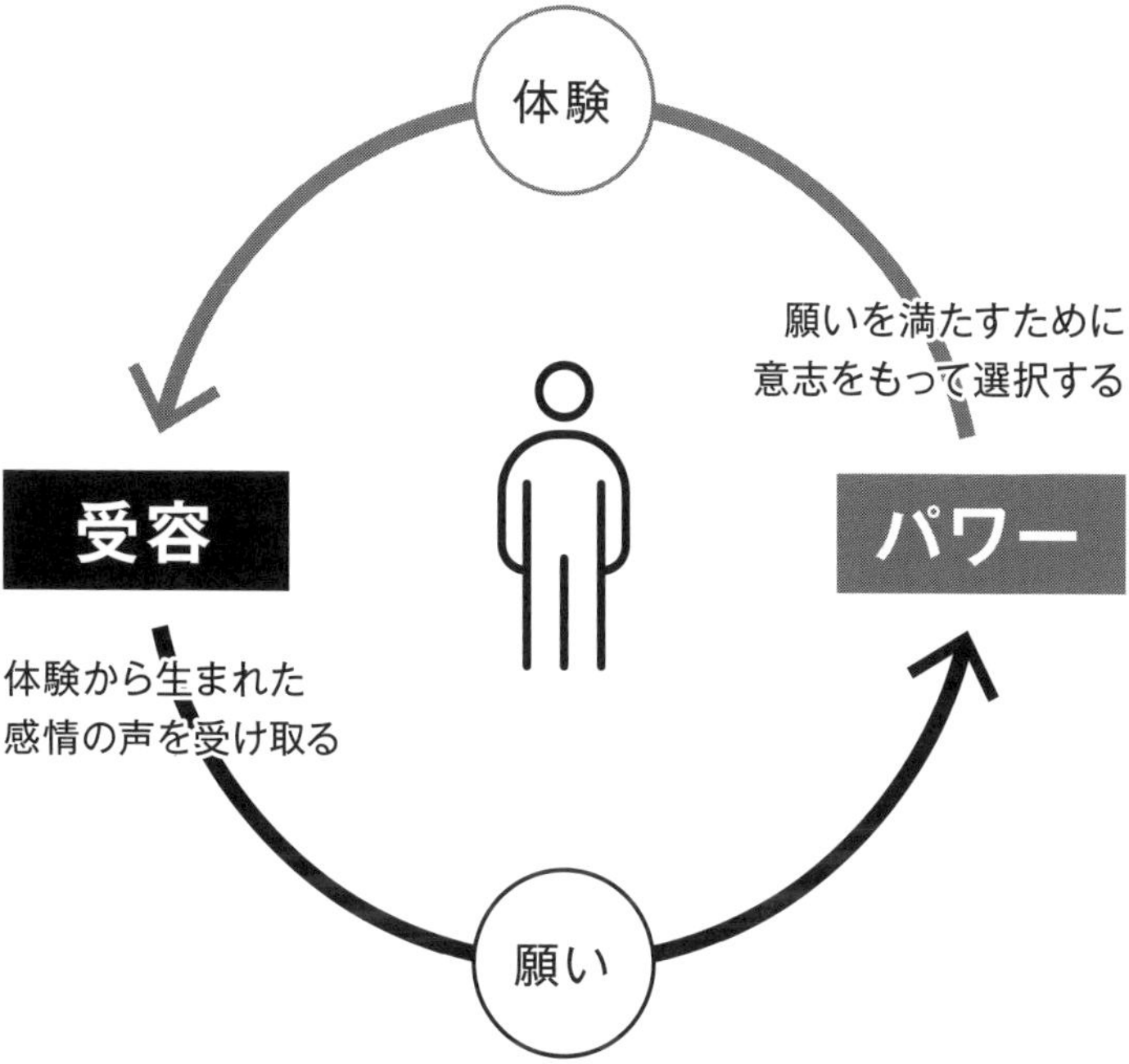

個人の中の受容とパワーのバランス

三好 そうですね。「受容」をせずに「パワー」だけ発揮してしまうと、「正しさ」に飲まれてワンパターン化し、新しい理解をする可能性がなくなってしまいます。さらにいえば、「受容」しても意志を持って「パワー」を発揮することがなければ現実は変わりません。

中村 味わって終わってしまう。

三好 そうです。図にするとこんな感じですね（次頁）。

中村 大ちゃんにセッションしてもらった後って、まさに「パワー」が発動してない状態でした。「受容」のサイクルがまったく欠けたまま30代になって、急に「受容」して願いを理解するということを知ったので、「受容」するということにどっぷり浸かってしばらくは腑抜けみたいになってました。その間とにかく感じ続けて、その後に「もう感じているだけじゃ何も変わらないな。行動しよう」と思えたんです。そこからは意志とつながりながら、「受容」と「パワー」のバランスが取れるようになってきた感じですね。

三好 今まで潰れてしまっていた「感じるためのスペース」をつくるのに、ある程度時間

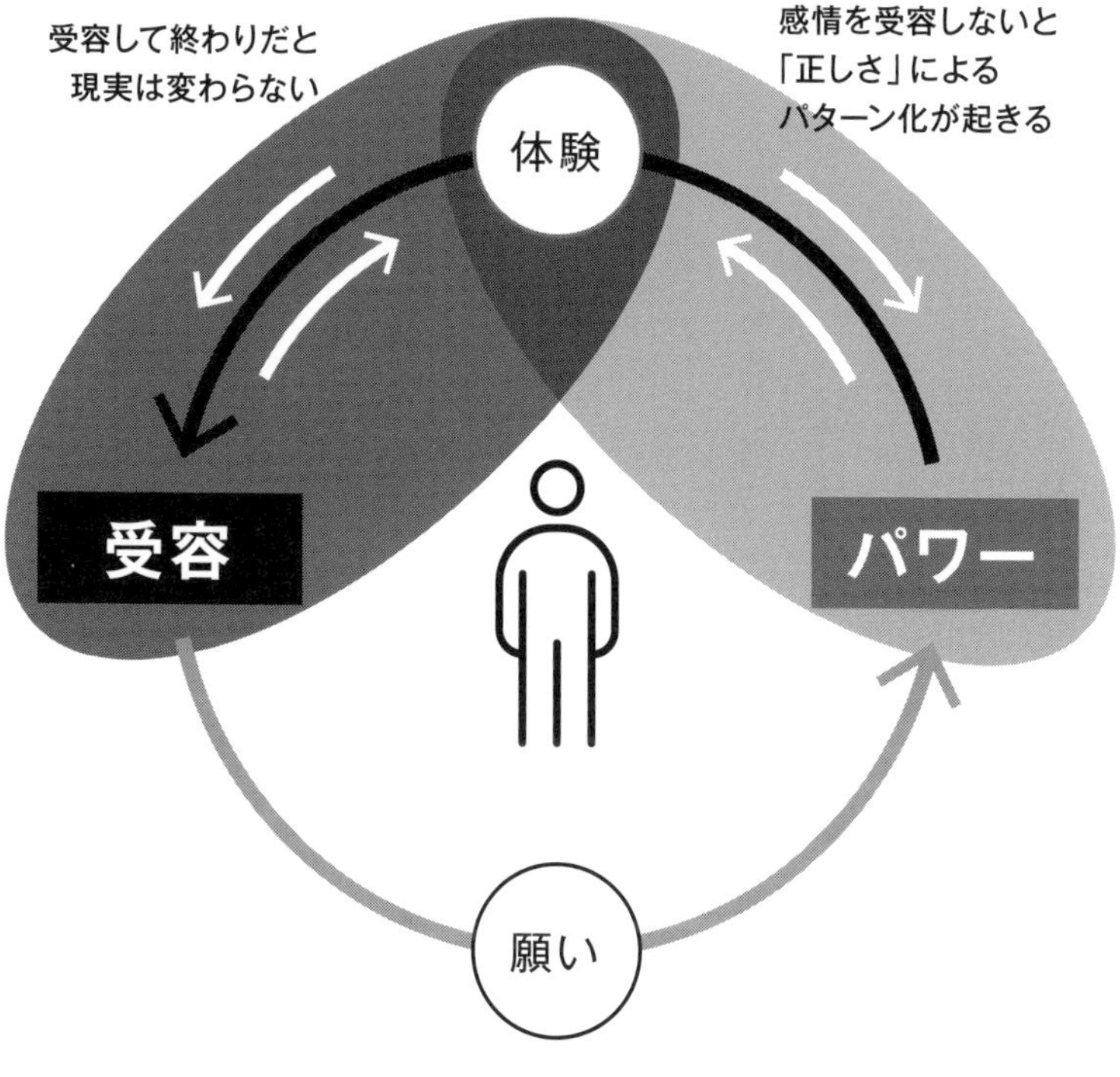
受容して終わりだと
現実は変わらない
感情を受容しないと
「正しさ」による
パターン化が起きる
体験
受容
パワー
願い

受容とパワーの循環

がかかったのかもしれないですよね。でも、それがあって初めて情熱や内発的動機が生まれるから、必要な時間なんだと思います。

「正しさ」のバトンが回ってきたときに個人としてできること

中村 この本はわりと若い人に読んでもらいたくて、チームの一人のメンバーとして何ができるかのヒントになればいいな、と思ってるんです。自分のところに「正しさ」のバトンが回ってきちゃったとき、違和感や苦しさなどの感情を受容したら、例えばどんな行動が起こせると思いますか？

三好 受容ができていないと反発か服従かというワンパターンになってしまう、という話をしましたよね。反発というのは、相手が出してきた「正しさ」に対して、自分の側の別の「正しさ」を出すということです。「こうすべき」と言われて「いやいや、むしろこうすべきでしょ」みたいな形で。そうなると、どっちが勝つかという勝負になっちゃいますよね。

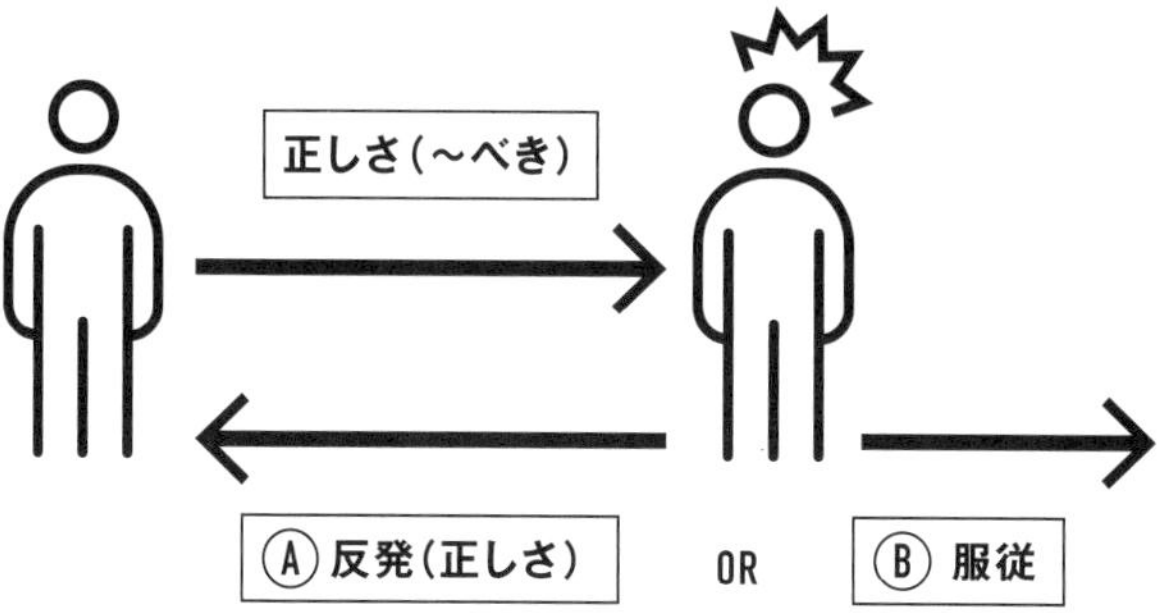

受容ができていないと反発か服従というワンパターンになってしまう

反発するというのもパワーを使う一つのやり方ではあるんですけど、闘いの結果、関係性の分断に終わりがちです。そうではない方法があるとしたら、「正しさ」を使わずに、お互いの内側にあるものをあるがままに理解し合うという道だと思います。

例えば、「目標を達成するまで、とにかくお金を貸し出せ」と言われたとき、まずは自分の感情を受容し、その奥にある願いや情熱を理解します。そして相手に対してあるがままを表現する。

「ここまで会社で育ててもらって恩を感じているし、期待に応えたいという気持ちがある。一方で、目の前のお客さんに対して

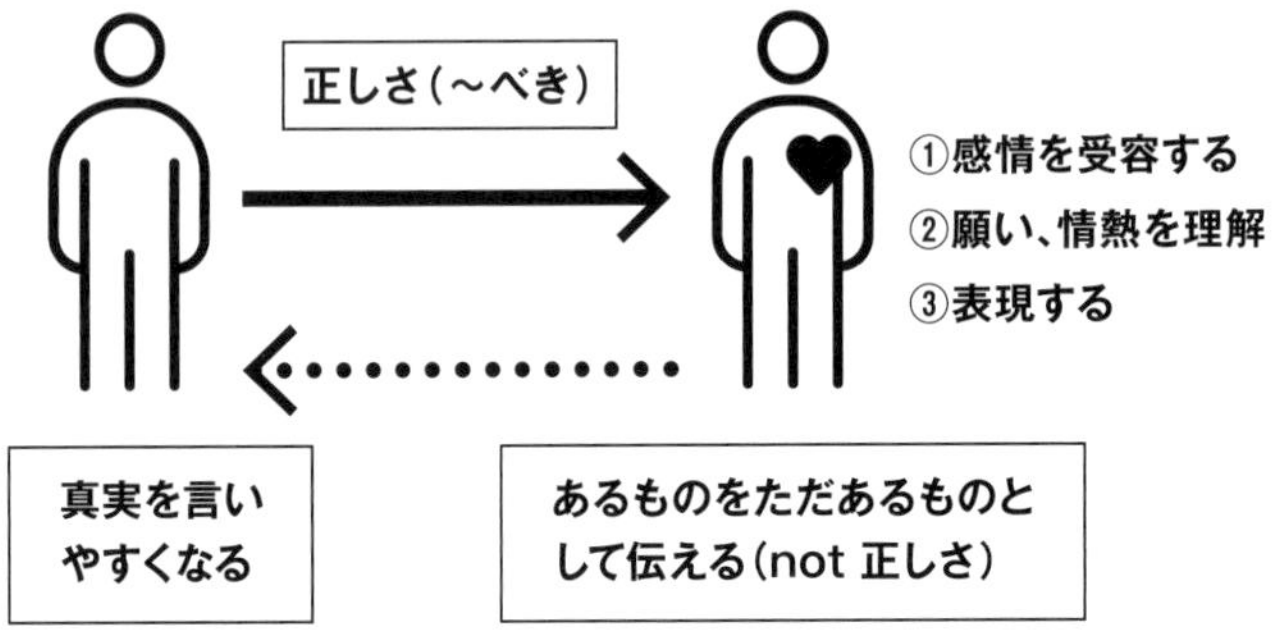
正しさ（〜べき）
①感情を受容する
②願い、情熱を理解
③表現する
真実を言い
やすくなる
あるものをただあるものと
して伝える（not 正しさ）

「正しさ」を使わずに、お互いの内側にあるものをあるがままに理解し合う

まっすぐ誠実でありたいという気持ちもある。この両方を抱えていて、今すごく苦しいんです」。

この内側にあるものすべてを、「正しさ」として主張するのではなく、ただ〝ある〟ものとして表現するんです。

人間は、あるがままの真実を明かされると、自分の真実も引き出されてしまうという力学があります。だから自分の根底にある気持ちを率直に伝えたとき、相手からも「本当はどう感じていたか」という真実が出てくる可能性がある。この「ただ内側にある真実」を理解し合うことが、「正しさ」の分断を越えて二人の間の本当の意志につながることを助ける。そして本当の意味で望む現実を創造するスタートになると思っているんです。

中村　NVC（非暴力コミュニケーション）としてまとめられているコミュニケーションの方法に近いですね。

三好　そうですね。もちろん、このやり方によって不快なシナリオが起きないとは言いません。場合によっては相手が変わらず「正しさ」に固執することもあると思います。もしそれが起きたとしたら、それはあなたにとって、また新たな体験です。それに対して起きる感情を受容するサイクルをまた回すわけです。その結果、「あなたと一緒に働くことについて、そもそもこの仕事を続けるべきなのかどうかについて、私はちょっと考えてみたいと思います」というようなことを伝える結果になるかもしれません。

結局、相手がどんな反応をしても、その度にこの「体験↓受容↓願い↓パワー」のサイクルを回し続けるということだと思うんですよ。何があっても、自分の奥底にある願いとのつながりを切らさずに行動する。そうすれば少なくとも、パターン化された反発や自己犠牲的な服従には終わらず、結果としてその人の本当の意味での進化につながるはずです。

中村 その結果チームを離れることになっても、本人にとっていいサイクルを回すことができているならいいわけですよね。

三好 例えば部下が辞めることでやっと、「正しさ」に凝り固まったマネジメントを見直すことができるマネージャーもいるでしょう。メンバーがいなくなることで短期的には会社は困るかもしれないけれど、そのマネージャーが変わるきっかけになるなら長期的にはいいことですよね。このマネージャーが「正しさ」に固執したマネジメントを続けた結果、うつ病が続出したり、マイクロクレジットのような顚末を迎えるよりかは、ずっとヘルシーな状態だと思いますね。

セルフサイクルを回すほど、人のことも受容できるようになる

中村 メンバーの立場だと「自分が変わっても、結局上が変わらないんじゃ意味がないじゃ

ん」と諦めたり、服従を選んでいる人が多いと思うんです。でも、セルフサイクルを回すことは誰にでもできて、それによって現実も変わっていくんだよ、という話はすごく希望があります。

そして、「正しさ」のバトンパスのスタート地点にいるように見えるトップも、資本市場という単位で見ると株主や投資家から「正しさ」のプレッシャーを受ける側にいたりするんです。トップが資本主義的な「正しさ」に対処するためにも、心が柔軟であることがとても大事なんですよね。

三好　希望を持っていいのは、自分が「体験↓受容↓願い↓パワー」というセルフサイクルを回せば回すほど、人に対しても受容ができるようになっていくんですよ。

例えばリーダーが「弱音は吐かず、自分一人でやり遂げるべき」という「正しさ」を持っていたら、メンバーの弱音なんて傾聴できないですよね。でも「ああ、自分にも本当は弱音があったたし、誰かに頼りたい気持ちがあったのかも」と気づくことができたら、そのとき初めて人の弱音も受け止められるようになるんです。自己受容のキャパシティはそのまま他者のことを受容するキャパシティにもなるんですよね。

同時に、自分の願いを理解して、意志をもって「パワー」を発動していると、その力強さは人にも影響します。人の情熱を燃やすためのエネルギーになるんです。個人の受容とパワーのベクトルが大きくなるということは、他の人が意志を発動する支援にもなるし、チームの成果にもつながるわけです。

一日の終わりに、味わいそこねた感情を身体で感じてみよう

中村 今の話は、セルフサイクルとチームサイクルは相互に作用し、無限のスパイラルで回していけるという考え方と重なりますね。そのことが確認できて、すごく嬉しいです。

最後に、セルフサイクルを回すために効果的な心がけやトレーニングの方法なんかがあれば教えてもらえますか？

三好 1日の最後にその日に味わいそこねた感情を思い出して、身体で感じてみるという

のはオススメですね。２分程度でいいのでタイマーをかけて、その感情が引き起こされた出来事を思い出し、自分の身体の反応をひたすら味わうというものです。

中村 味わいそこねた感情というのは？

三好 例えば「今日のミーティングで出したアイデアに、部下は『分かりました』と言った。でもなんだか乗り気じゃなさそうだったな」みたいなモヤモヤ感が残っているとします。そのときは流してしまったけれど気になるな、みたいな。

そのモヤモヤ感について身体でちゃんと味わってみる。「ああなんか胃のあたりが熱い感じがするなあ」とか。そうやってちゃんと身体に意識を向けて味わっていると、「自分がモヤモヤしているのは、彼が何を感じているのか分からなくて不安だからかも」という理由や、「本当は、彼が本音ではどう感じているのか理解したいんだな」という願いが分かってきます。そこまでいくと、「明日は、もう少し彼の気持ちを聞いてみようかな」というふうに次の行動につながります。そうやって現実が変わり得るわけです。

中村 味わいそこねた感情をそのまま放っておくと？

三好　受容をせずにモヤモヤしたままだと、相手に距離感を感じたり、さらには「コイツ、聞いてるふりして納得してないな」「人の話を真面目に聞かないやつだな」とか、どんどん相手にレッテルを貼っていってしまうことになるんですね。

「また話を聴いてくれないかも」という不安から、より一層語気を強めてみたりするんだけど、それでは相手は変わりません。結局は「やっぱりコイツは聴いてるフリして納得してない」という体験が返ってきて、またモヤモヤするという負のスパイラルにハマってしまうわけです。

こういうパターン化した反応にハマると、自分の願いともつながれず、相手との関係もどんどん固定化して、柔軟性がなくなります。だから、ちゃんと受容するというのは、とても大事なんです。

中村　その習慣があるかどうかによって、柔軟化するのか固定化するのか、ネジを回す方向がまったく変わってしまうという感じですね。

僕も「ジャーナリング」といって、一日の終わりに日記を書くようにしているんです。その日のことに限らず、少し前にあったことでも、なんとなくしこりが残っているなと感じることを書くようにしています。

三好 ジャーナリング、いいですよね。「わざわざネガティブな感情を思い出さなくてもいいんじゃない？」とか、「イライラしたことを感じ直すなんて、余計イライラしそう」って言われることが多いんですけど、感情はそのままにしないで成仏させてあげることが大事です（笑）。ちゃんと受容すれば、その奥にある願いや情熱が見えてきてむしろパワーが出てくるんです。

中村 僕も、大ちゃんとのセッションで「痛みの反転が願いだよ」って教えてもらって、自分の根源的な願いが今の仕事とつながっていることに気づきました。そこですごく開放感を感じたんです。こういう体験をもっと広げたいなという思いが『ｅｍｏｃｈａｎ』をつくることにもつながっていたりして、本当に現実が変わりました。

今日の話が、ありのままの自分を受容できる人が増えるきっかけになるといいな、と思います。

第4章

（対談）長尾彰×中村真広

「本当のチームになるために感情とどう向き合うか？」

長尾　彰（ながお・あきら）

株式会社ナガオ考務店代表取締役、一般社団法人プロジェクト結コンソーシアム理事長、学校法人茂来学園大日向小学校理事。組織開発ファシリテーターとして約20年にわたって3000回を超えるチームビルディングを実施、現在も複数の法人で事業開発やサービス開発を通じた組織づくりをファシリテーションしている。著書に『宇宙兄弟「完璧なリーダー」は、もういらない。』『宇宙兄弟　今いる仲間でうまくいくチームの話』（学研プラス）など。

最初から「チーム」という状態はない。グループが発展してチームになっていく

中村　今日はアキラさん（長尾彰さん）に、チームってどういうふうにできて、どんなふうに成熟していくのか、という話を聞かせてもらいたいと思っています。

長尾　分かりました。まず知っておいてもらいたいのは、どんなチームも最初からチームだったわけではないんですよ。はじめはグループな状態で、グループが発達しチームになっていくという考え方です。

中村　グループからチームへ変わっていく。

長尾　そう。じゃあ「グループとチームの違いは何？」って話ですよね。まーさん（中村真広）は、グループとチームをそれぞれ漢字一文字で表現するとしたらどんな漢字を選ぶ？　正解は一つじゃないから、思いつきでかまいませんよ。

中村　グループとチーム？　えーっと……グループは集合の「集」かな。チームは二つの「わ」が浮かびました。平和の「和」と、輪っかの「輪」。

長尾　peace と ring だ。いいですね！

僕は、グループは動物の群れを表す「群」、チームは一致団結の「団」のイメージなんですよね。

まーさんだったら「集」と「和・輪」の違い、僕なら「群」と「団」の違いを整理していくと、グループとチームって何が違うのかがシンプルに見えてきます。

グループというのは、役割や目標やルールを誰かに与えられてできるものです。リーダーも、外側にいる人がグループに与える。一方でチームは、自分たちで役割や目標やルール、そしてリーダーも作ります。

何人かの人が集まったとき、最初から自分たちで決めるというのはなかなか難しいです。だから与えられたもので始まるんだけど、それが成長していくことで、「群」から「団」に変わっていくという考え方です。

グループとチームの成長を「タックマンモデル」で理解する

長尾 じゃあどんな風に「群」が「団」に成長していくかを見通すのには、アメリカの心理学者のブルース・W・タックマンが提唱した「タックマンモデル」が役に立ちます。

このモデルは、グループがチームになっていくときに通過する4つのステージを説明しています。フォーミング（同調期）、ストーミング（混沌期）、ノーミング（調和期）、トランスフォーミング（変態期　※タックマンは第4ステージをPerformingと表現しています）とあるんですけど、今自分たちがどのステージにいるのか、このフレームワークで見立てができれば次のステージに行くための手立てが分かってきます。

中村 これを見ると、第2ステージまではまだグループで、第3ステージまでいかないとチームとは言えないんですね。チームになるって、結構ハードルが高く見えます。

長尾 実は、会社の中の組織の多くはチームじゃなくてグループなんですよ。

チームの成長ステージ			
第１ステージ →	第２ステージ →	第３ステージ →	第４ステージ
同調期 Forming	混沌期 Storming	調和期 Norming	変態期 Transforming
集団に必要なこと			
心理的安全性	明確な目的・ビジョン	規律と秩序	祝福と伝承
話し合いのスタイル			
共有	発散	収束	決定
成長を促進するポイント			
コミュニケーションの「量」	コミュニケーションの「質」	納得感	振り返り
ファシリテーターの関わり方			
指示する	フィードバックする	問いかける	委ねる
メンバーのメンタルモデル			
依存・他責	自立・自律	共存・共栄	統合

グループ（群）の状態	チーム（団）の状態
過去（実績）に基づく 「内」と「外」に分ける 理性・論理が優位 教える・教わる 内容と手段（WHATとHOW）を重視する 統率・支配が優位 同意形成を重視 ヒエラルキーで機能する	未来（ビジョン）に基づく 「内」と「外」の区別が無い 感情・情動が優位 探求する・学ぶ 目的と成果（WHYとSO WHAT）を重視する 自治・参加が優位 合意形成を重視 ネットワークで機能する

どんな集団も、最初は第1ステージのフォーミングから始まるんです。お互いのことがまだ良く分からなくて、やってもいいこと、言ってもいいことが分からない。それぞれが様子見で指示待ちの状態です。その状態を乗り越えて第2ステージに行くには、まずはコミュニケーションを増やして、「この人たちになら、何を言っても大丈夫だ！」と思える心理的安全性を確保することが必要です。

中村 まずはコミュニケーション量を増やしてお互いのことを知らないと始まらないと。

長尾 そうです。この表（右頁）は各ステージの状態や、次のステージへの発達を促進するポイントなどをシンプルにまとめたものです。僕がいろいろな企業や団体などから「チームビルディングを手伝ってください」と言われたときは、いつもこの表を念頭に置きながら、その集団は今どういう状態か、何が必要か、ということを考えるんです。

中村 分かりやすいですね。

長尾 例えば、僕は新しい私立小学校の運営に理事として関わっているんですけど、この学校の今の状態は、第1ステージです。

まだ開校2年目で、今年の4月に仲間入りをした子どもや保護者、先生もいて、ようやくお互いの名前と顔が徐々に一致してきたくらいの段階なんです。お互い遠慮しあって言いたいことが言えないのも当然ですよね。メンバーのメンタルモデルは「依存・他責」だから、保護者として何か思うことがあっても「先生がやってくれるだろう」と期待して待っているところもあるかもしれない。

この集団が第2ステージのストーミングに至るためには、まずフォーミングを進める必要があります。どんなことでもオープンに話ができて、何を言っても誰にも怒られないという、心理的安全性がある状態にしたい。そのためには、コミュニケーションの量を増やす取り組みが必要です。

「チームになりたい」という思いのある人は、いきなり「ストーミングしよう」って言うんです。でも集団の発達を季節に例えると、春、夏、秋、冬という四季みたいなもので、温度が高くなる夏は、雪解けと芽吹きの春のあとに自然にやってきます。「夏にさせるぞ！」ってどんなに頑張っても、ちょっと無理がありますよね。

中村 まだ心理的安全性がないのに、「本音を言い合おう！」というのは確かに難しいですね。

長尾　相当ハードル高いですよね。でも、春が終わって夏がくるように、ちゃんとフォーミングが進めば自然にストーミングのステージに移ります。ストーミングは「嵐」という意味だけど、ここで言う嵐は対立や衝突だけじゃなくて、言いたいことが言い合えるという関係性です。「じゃあもっとこうしようぜ、ああしようぜ」「いや、それって意味ある？」「やってみようよ」みたいな、お互いを尊重して安全な関係性の中で試行錯誤できる状態がストーミングで、それをするためには、フォーミングの時期に心理的な安全性が集団の中にできているというのがすごく大事なことです。

「同意形成」するグループから「合意形成」するチームへ

中村　ストーミングの段階で喧々諤々言い合えるようになっても、それでもまだグループなんですすね？

長尾　そうです。

中村　その先、本当のチームになるときには何か大きな壁がある？

長尾　その壁はすごくシンプルで、与えられてきたものによって動くのではなく、自分たちで合意形成ができる状態が第3ステージです。

第1ステージと第2ステージでやっているのは「同意」形成なんですよ。やることは与えられていて決まってるから、それをやるのかどうか、根回ししたり調整したりして同意を取ることに躍起になっているイメージです。

これが「合意」形成となると、ちょっと違うんです。「合意」というのは、一人ひとりのやりたいことのすり合わせができている状態なんですよね。第2ステージから第3ステージに進んでグループがチームに変わるためには、同意形成に終わらず、「ここちょっと変えたいんですけど」みたいなことを出し合って合意を形成していけるようになる必要があります。

中村　自分たちで決める方に移っていくんですね。

長尾　そうです。会社の就業規則の決め方を例にすると、第1ステージや第2ステージの組織では、人事部が作って社労士さんに見てもらって、「これなら労働基準法にも違反してないし大丈夫だよね」……という感じで同意形成します。第3ステージのチームになっていくと、自分たちで就業規則を作ろうというプロジェクトが立ち上がったりするわけです。

会社の財務的なことも同じで、社長が銀行と一生懸命やっているのが第2ステージまで。第3ステージでは社員にも全部オープンにして「自分たちで資金繰りもしようぜ」みたいな話になったり、売上目標を自分たちで決めるようになったりということが起きてきます。

中村 第2ステージと第3ステージとで、会社と社員の関係が全然違うものになっている感じですね。

長尾 「私はこうしたい」「僕はこうしたい」と、一人ひとりの欲求のすり合わせが行われるので、会社や仕事への向き合い方がまったく変わってきますよね。

チームが成立するのには〝イシュー〟が不可欠

長尾 もう一つ、チームをつくるのに欠かせないのが〝イシュー〟です。イシューというのは、一人じゃできないから誰かの力を借りてでも成し遂げなきゃいけないこと。「ここにいる人たちで、とりあえず言われたことやればいいよね」というグループの状態ではできないことです。そういう〝こと〟があるときに初めてチームが必要とされるわけです。

サッカーで例えると、「いいチームができたからサッカーしよう」ということではなくて、「サッカーという競技で相手に勝つにはチームになるしかない」みたいな感覚です。

中村 逆はありえないですね（笑）。

長尾 逆はない。チームを作ってから〝こと〟を成すんじゃなくて、〝こと〟を成すためにチームが必要だ、という感覚を持つのが結構大事かなと。

僕はチームビルディングを頼まれたときに、「じゃあそのチームで何を成し遂げたいんですか？」と質問をします。でも、答えられない経営者は実に多い。「いや、だってチームを作れば売上が上がるんでしょ」「いいことあるんでしょ」って（笑）。

中村 それはちょっと辛いなぁ。

長尾 グループがチームに変わるためには、目的やビジョンがすごく大事なんですよね。

チームでする仕事は「アクティブ」なもの

長尾 「チームビルディング」ってよくできた言葉だなと思うんですよね。ビルディングというのは道具や素材があって自分たちでつくることだから、自分たちの道具で自分たちの建てたいものを建てるというのがチームビルディングなんです。

中村 なるほど。「チームビルディング」はできるけど、「グループビルディング」は成立しないわけですね。

長尾 成立しない。「グループメイキング」だと思うんです。

中村 メンバーはメイクされる側なんですね。

長尾 そう。受け手で、パッシブな状態です。

中村 逆に、チームはアクティブな状態だと。

長尾 そうです。でも、アクティブな状態を体験したことがない人が多いんですよ。というのも、ほとんどの会社はこの表（左頁）の「ヒエラルキー組織」の方だから。ヒエラルキーは階層の上の人、つまり役職者が意思決定をする。でも、それだと階層の下の人たちは「上が決まったことをやる」ことが大事なので新しいことにチャレンジし難いんです。会社としては「このままじゃダメだ」と分かってはいるんだけど、どうしたら右側の「ネットワーク組織」になれるか分からない。そういうときに僕が呼ばれてお手伝いすることが多いんですよ。

そこで僕がやるのは「アクティビティ」です。「社内でプロジェクトをやってみません？」と言ってみんなに動いてもらうんだけど、それは「アクティブに仕事する」という、右側（ネットワーク組織）の状態を体験してもらうためなんですよ。人を積極的、活動的、行動的、つまり「アクティブ」にさせるような活動が「アクティビティ」ですから。

ヒエラルキー組織	ネットワーク組織
・階層構造型	・自律分散ネットワーク型
・情報が非対称	・情報が対称
・拡大、生産性の重視	・価値創造を重視
・1→100、量に適応	・0→1、質に適応
・管理、統制、コントロール	・協働、支援、促進
・役職で組織を動かす	・役割で組織を動かす
・マネージメント、統治	・ファシリテーション、自治
・コミュニケーションはコスト	・コミュニケーションは資産
・組織を中心に据える	・人を中心に据える
・単純なシステム	・複雑で複合的なシステム
・ギャップアプローチ	・ホールシステムアプローチ
・解決（solution）志向	・解消（dissolution）志向
・教える、教わる	・伝える、学ぶ
・目標を重視	・目的（理念）を重視
・外的変化に弱い	・内的変化に弱い
・依存が強化される	・排他が強化される
・外向きのリーダーシップ	・内向きのリーダーシップ
・適応を求められる	・自立を求められる
・代議制民主主義	・熟議民主主義
・優秀なマネージャー	・上手なファシリテーター
・愛情と信頼で機能する	・規律と秩序で機能する
・群（グループ）、多数	・団（チーム）、少数

ヒエラルキー組織 と ネットワーク組織 の違い

中村 なるほど、アクティブな状態を体感してもらうんですね。

長尾 いつも「今までのチーム体験の中で『これはいいチームだった』と思うのは何のチーム？」という質問をするんです。そうすると、7割ぐらいの人が学生時代の部活での出来事を挙げてくれます。社会人になってから仕事の中でチームとしての成功体験を持ってる人って少ない印象なんです。

学校の部活って、異年齢だったりはっきりとした役職がなかったり、目的や取り組むことが明確だったりして右側（ネットワーク組織）なんですよね。それがチームとしての成功体験だという認識を持ってる人たちが多いから、部活でやってきたように会社でもやろうとしてしまう。左側の枠組みを持っている組織の中で右側をやろうとするから、上手くいかないんです。

「よし、今日からうちの会社はボトムアップにするぞ」ってトップダウンで命令する、みたいな矛盾したことになるわけですよね。

中村 あぁ、矛盾してますね（笑）。

長尾 逆に、仕事でも右側を体験してきている人たちは左側のことも否定もしないんですよ。場合によってはヒエラルキーでやった方が上手くいくこともあるわけです。お互いにやりたいことを出し合って合意形成をするところまではチームがいいんだけど、それを実際に形にするときは、「あなたはコレ」「あなたはソレ」と指示を出して、役割分担で一気にやっちゃう方が良かったりする。「一人ひとりの思いを」みたいなものはとりあえず後にして、時間が優先。とにかく今日中にこれやっちゃおうというときには、チームじゃなくてグループがいいんです。

「左側でやった方がいいこともあるし、右側でやった方がいいこともあって、左と右を行ったり来たりすればいいよね」という感覚を、右側のチームを体験すると得られるようになる。だから僕は、左側の状態の組織の中で右側体験をしてもらうということをしているんです。

スタートアップの成長における組織の悩み

中村　多くのスタートアップって、初めは右側なんですよね。同じ目的のために集まって、サークルや文化祭前夜のノリでガンガン前に進んでいく。でも、気がついたらヒエラルキーを作らなきゃいけない規模になって、ツクルバはそこから左側に振っていったんですよ。そうすると左側のやり方に慣れているメンバーも増えていって、今度は右側のパワーが弱くなります。僕はそれをちょっと戻すために「文化祭前夜のノリで行こうぜ」と言って、去年は本当に会社の文化祭をやったりしました。組織って、そういう揺さぶりの中で成長していくものなんですね。

長尾 そう。たぶん30人くらいまでの規模だとなんとかネットワーク組織としていけるんだけど、それ以上になってくるとだんだん効率が悪くなってきて左側に行く。だけど、ダンバー数の150人くらいを超えたらもう一度右側に大きく舵を戻さないと、次の新しい価値が生み出せない。だからホールディングカンパニー化して事業ごとに分社したりして右側に戻すんだけど、そこからまた人数が増えて、左側のやり方しか知らない人が増えて上手く行かなくなっちゃうというケースをよく見ますね。

中村 今の話、ツクルバのことかなって思うぐらいリアルです（笑）。まさに、30人を超えていくなかでどうしても代表二人で面倒見きれなくなって、間にマネージャーがいる階層組織になるとともに左側に寄っていって。今はちょうど150人を突破したぐらいのところで全社をそれぞれの事業部に分けて、その小さな単位でローカライズを進めていき、自律分散型のネットワーク組織の方に振ろうとしているところなんです。

長尾 自律分散型のネットワーク組織になるためには権限委譲しなくちゃいけない。代表としては「不安だけどとにかく見守るしかない」みたいなステージなんじゃない?

中村 見守るフェーズというのはまさに、ですね。そういうのもあって、僕はラインのマネージメントはほぼ手放したんです。何かを〝やる〟というよりは、〝いる〟存在をイメージしています。

長尾 現場の仕事を手放すと、今度はまーさんを中心に、社内と社外関係なくプロジェクト型で仕事が起こり始めるでしょう?

中村 『emochan』を作ったのなんかは、まさにそうですね。

長尾 そういうプロジェクトが会社の中にたくさん生まれ始めると、右側に行きやすくなると思います。

中村 不思議ですよね。会社が成長するなかで通る道って、同じなんだなぁと。

長尾 不思議とそうなんですよ。僕は結構たくさんの会社にお邪魔して話を聞くんだけど、みんなが悩んでることとって、大体はこれなんですよね。

だからこそ、さっきの表（149頁）の下から2行目に、ヒエラルキー組織は「愛情と信頼で機能する」、ネットワーク組織は「規律と秩序で機能する」と書いています。「これ、左右反対なんじゃないの？」ってよく言われるんですよ。

でもね、ヒエラルキー組織は管理や統制でコントロールするからこそ、愛情と信頼という、ものすごく情緒的、感情的な求心力がないと上手くいかないんです。

昔の松下もそうだし、ホンダもそうだし、創業当時のソニーもそうなんだけど、社長が社員のことを徹底的に愛してるんですよね。社員たちも「しょうがねぇな、社長が言うんだったらやるか」という関係性で大きくなれたのが、戦後に大きく成長してきた会社なんです。

反対に設立して10年未満のベンチャーやスタートアップは、規律と秩序を自分たちの合意形成で作っていくことが大事になってきます。「自分たちの会社は自分たちでつくるんだ」という気風を育むための取り組みが必要です。

『ティール組織』はまさに、規律と秩序を自分たちで生み出すための考え方なんですよ。でも、ベンチャーの創業者たちもヒエラルキー組織しか経験していなかったりするから、徐々に規模が大きくなってルールが必要になってきたときに左側のやり方に寄っていく。それで苦労している会社は多いと思いますね。「ティール組織でやるぞ」という規律をトップが与えてしまうと、上手くいかないんだけどね（笑）。

中村　そこは最高の自己矛盾がありますよね（笑）。

ヒエラルキーでもネットワークでもどっちでもいい、というのがチームの最終形

長尾　「アクティブ」の反対の「パッシブ」っていう言葉は面白くて、「パッション」の派生語でもあるんですよね。「パッション（情熱）」は、やりたいとかやりたくないを

超越している感覚です。それをやらざるを得ない、それをしないわけにはいかないという。

中村 「使命」みたいな感じですかね。

長尾 そう。『パッション』という映画はまさに、イエス・キリストが受難や迫害に遭いながら、それでも神の使命を果たそうとするというような内容で。やりたいとかやりたくないとか、内的動機付けがどうとか外的動機付けがどうとか、そういうものを超越しているのが「パッション」。それ自体は悪いものじゃないんです。でも多くの人の問題は、「仕事がアクティビティになるんだ」ということを知らないままパッシブな状態に留まっているということなんです。

中村 今の話、すごく面白いです。仏教思想とか禅とかにもつながりそうですよね。仕事がパッシビティからアクティビティになって面白くなり、さらにその先で自分のエゴを手放すとパッションになるみたいな。

長尾 そうそう。最終的には統合されるんです。「ヒエラルキーでもネットワークでもどっちでもいい」というのが、一番自然な形なんじゃないかかな。僕は、第4ステージのメンタルモデルは「統合」というキーワードで表現しました。「誰が社長で誰が社員ってどうでもいいよね。それより大事なことは、何を成し遂げるかということだよね」みたいな感覚です。

中村　「そういうロールでしょ」と。

長尾　「ただのロール。だからお互いに力を貸し合うんでしょ」ってことです。ヒエラルキーでもネットワークでも、上手くいくならどっちでもいいじゃん、みたいな感覚が第4ステージ。でも、第4ステージって世界大会で優勝するくらいのレベルですから、その状態にある組織ってほとんどないんです。僕自身も経験はありません。

F1のタイヤ交換に見る究極のチームの形

長尾　第4ステージのチームをイメージするのに最適なのが、F1のピットインでタイヤ交換をするチームです。今からフェラーリのタイヤ交換の動画を観てもらおうと思うんだけど、4本のタイヤを替えるのに何秒かかると思います？

中村　う〜ん……どうだろう。10秒くらい？

長尾　じゃあ、観てみましょう。

――ここで動画（https://youtu.be/aHSUp7msCIE）を鑑賞――

中村　速っ！（笑）。

長尾　だいたい4秒ぐらいですかね。ここには26人の人が出てきます。タイヤ4本替えるのに、26人。でも、一見何もしていないように見える人もいるんですよね。ずいぶん前ですが佐藤琢磨さんっていう元F1ドライバーで、今インディカー・シリーズで活躍されてる方とお話する機会があったんですよ。「この何もしてない人って、一体何のためにいるの」って聞いたんです（笑）。そうしたら、例えば一人は監督で、他のメンバーやドライバーと無線でつながっていて、この人がGOという合図を出すとクルマがスタートするんだと。もう一人はよそのクルマがこのピットに間違えて侵入しないように見張っている人……みたいな感じで、「全員に役割があって、ちゃんとその仕事をやり続けているんです」って。

中村 そうなんですね！

長尾 この動画には、タイヤ交換が終わった後の人々の様子もちゃんと記録されてるんだけど、誰もハイタッチしないし、ガッツポーズもしてないですよね。

中村 何か当然かのごとく、次の準備とか始めてますね（笑）。

長尾 「別に大したことしてない、だってタイヤ4本交換しただけ、4秒？ 当たり前でしょ。フェラーリなんだから」という雰囲気で（笑）。さらに、次のタイヤ交換に備えて一人ひとりがやるべきことを完全にやり切っているという感じ。その結果として、最大のパフォーマンスを出せるのが第4ステージの「トランスフォーミング」という状態なんです。

中村 格好いいなあ！

長尾 第4ステージのチームは、分業してるんだけど統合した状態。部分最適を極めた結果、全体最適になってる状態なんですね。一人ひとりが自分の仕事をやりきると、結果として全体の成果が最大化する。すると圧倒的なパフォーマンスが出て、4秒でタイヤ交換できるわけです。

中村 それぞれ別の役割の人たちだけど、全体が一つな感じで、生き物のようでしたね。

長尾 生き物のようにトランスフォーミングするんですよ。ちなみに、タックマンさんは、第4ステージのことを「パフォーミング」っていう言葉で表現しているんだけど、僕はちょっと言葉を変えてしまって「トランスフォーミング」と言ってるんです。それは、第1ステージのフォーミングの状態から完全にトランスをする、変態をする、見た目は同じ人たちなのに、やってることが全然変わる感じを表現したいからです。

まずは一対一の関係性からチームになっていく

中村 第4ステージの先ってあるんですか？

長尾 いい質問ですね。タックマンさんは、第4ステージの先は解散をすると言ってます。彼はAdjorning（アジャーニング）という言葉で表現してますが、目的や目標を達成したら解散して、またフォーミングから始まって行くんだというんです。でも、さっきも言ったとおり僕らが第4ステージまで行くことってほとんどないんですよ。だけど解散というのはどの段階でも起こりえます。第1ステージのままで解散してしまうグループもあれば、第2ステージで試行錯誤を繰り返していくうちに、時間切れで空中分解してしまうようなグループもある。第3ステージまで行って自分たちでルール、役割、目標を決めることができたんだけど、成果を残すことができないで解散してしまうというチームもあるんです。

中村 解散はいつでもあり得ると。

長尾 はい。逆に、焦ってチームを目指さなくてもいいんです。時間が限られているなら、今期はフォーミングを進めて心理的安全性を生み出した状態で一旦解散。新年度からまた新しいメンバーでフォーミングの後半から進めよう、みたいな見立てができたりすると、やることがはっきりしてきます。タックマンの成長モデルを、そういう見通しを立てるためのフレームワークとして使えるんです。

中村 同じチームで仕事を続けていくにしても、異動や退職なんかでメンバーが入れ替わることがありますよね。心理的安全性が高まってきてストーミングに入ったと思ったけど、新しいメンバーが2、3人入ってフォーミングにまた戻る、みたいなのこともありえるんですか?

長尾 あるでしょうね。集団や組織全体をいっぺんにチームにしようとするから大変なのであって、一人ひとりとの関係性で見ていけばいいと思います。

「この人との関係性はフォーミングだからコミュニケーションの量を増やそう」、「この人とは最近ストーミングっぽくなってきたから、もう少し突っ込んだ話をしよう」という関係性が集団の中にあちこちあるという見立て方がメンバー全員でできると、チーム全体に心理的安全性が生まれるんです。

人が二人いればチームができるので、まずは二人から始めればいい。一人ずつ確実にチームになっていくことができると、結果としてその輪が全体に広がっていきます。

中村 確かに。どうしても集団をまるごとチームに、と考えがちですけど、実はその集団も一人ひとりの関係性の網目だから、一対一の関係性をチーム化していくと、全体のステージも進んでいくんですね。

全体の16％がチームの状態になると、組織全体が変わっていく

中村 僕は会社全体を見る立場でもあるので、どうしても全体がどういうフェーズなのかを見がちなんですよね。でも、一つの事業とか各チームの単位で見てみると、実は一部でめちゃくちゃノーミングのいい状態が生まれていたり、別のチームはまだフォーミングだったり、そういうこともありえますね。解像度を上げて見ると、いろんな状態が見えてきそうです。

長尾 そうですね。

中村 僕らが作った『emochan』カードは、会社全体をまるっと変えるようなツールではないと思うんです。だけど、会社の中の小集団とか、一対一の関係の質をどんどん高めていくというときに、寄与できるんじゃないかと改めて思いました。そう考えたとき、やがて会社全体を変えていく、ドミノの一つめというのは、どこ

にあるんですかね？

長尾 ドミノというよりオセロの方が近いんですね。まずは前提として、一人ひとりと関係を作っていくということがあります。一つずつ黒が白になっていって、どこかのタイミングで角が3箇所取れたらほぼ白にできるみたいな感じです。どこかのタイミングから、あっという間に変わっていく。例えば30人の会社で少しずつチームの状態が広がっていって、16人がそうなるともう多数派です。あとは何もしなくても、価値観とかビジョンとか、そういった抽象度の高いことが伝わりやすくなっていくような感覚ですね。

中村 なるほど。「アクティブに仕事するのが当たり前」という変換点が来るまで、オセロをひっくり返し続ける、そんなイメージですか？

長尾 僕は、会社の中の15～16％の人たちをチーム化していこう、という感覚でやっています。

ジェフリー・ムーアの「キャズム理論」では、全体の中でイノベーターは2・5％、アーリーアダプターは13・5％だって言われているでしょう。合わせて16％の人たちがチームの状態になると、「チームとして仕事するのが当然」という雰囲気が生まれます。ですが、その16％の壁（キャズム）を超えるための取り組みをしないと会社全体には広がっていかない。その取り組みは僕は地道なものだと思うんです。一人ひとりと関係性を育んでいくという。

中村 会社全体は変わらなくても、自分が日々接してる人が20人だとしたら、その中の4人が変わればそのチームの空気が変わるわけですね。

長尾 そうなると関係の質が変わって、成長のスピードが上がっていくということなんだと思います。

中村 なるほど。この本は経営の本ではないので、経営者じゃなくて一人のメンバーとしてもできることのヒントになればいいな、と思っているんですよね。そういう点で、まずは個人対個人の関係性から変えていくとか、そういう個人が増えていけばチーム全体の空気が変わるという話は、すごく参考にしやすいところだと思いました。

まずは自分の感情に自覚的になること

中村 この本では、チームのメンバーがお互いに感情を表に出し合って分かち合いをすることの重要性を伝えたいと思っています。タックマンモデルとの関係性で考えたとき、感情についてはどのように考えられますか？

長尾 第1ステージで必要なのは、自分の感情が今どんな感情なのか、モニタリングや自覚をすることですね。自分は怒ってるのか腹を立てているのか。この二つって、意味合いがちょっと違いますよね。悲しんでいるのか、嘆いているのかというのも違う。「あ、俺は腹が立ったんじゃなくて悲しかったんだ」と気づくことが大事で、自分の感情を言葉として自分で認識することができると、ネガティブな感情とも上手く付き合える感じがします。
フォーミングの段階では矢印を自分に向けて、「自分の今の気持ちって何だろう」ということを考えるのが大事で、第2ステージになると、他人の気持ち、他人の感情に注目することになります。あの人は今どういう気持ちなんだろうと、他者の感情に共感的になることが必要になってきますね。

中村 なるほど。そうすると第1ステージは、僕らの言葉で言うところのセルフサイクルですね。自分の感情をちゃんと自覚、認知しましょうというところから始めて、第2ステージになると、チームサイクルで、分かち合って他者に共感したり相互理解を深めていくものになっていくんですね？

長尾 そうです。心理的安全性という言葉そのものにとらわれてしまうと「あの人はどう思うだろう？」「みんなはどうしたら心理的に安全になるかな？」と、他者の気持ちにばかり目が向いてしまう。そうなると上手くいかないんだと思います。まずは自分に興味、関心を寄せ、自分の気持ちが分かってきたら初めて他の人の感情に目を向けるということをしましょう。

中村 確かに、グループの初期は他律的で、基本与えられたことを淡々とやるのだとすると、その段階では感情を自覚するということがあまりなさそうです。そこでまずは自分の感情とちゃんと向き合ってみましょうよ、というのが、フォーミングを進める一つのスイッチになるんじゃないか、という話ですね。

長尾　自分は何をしたときにハッピーを感じて、何をしたときにアンハッピーを感じるか、みたいな仕分けを1日の終わりにするだけでも全然違います。「自分はこういうことが嫌だったんだな」「こういうことが好きなんだな」みたいなことが徐々に整理されていくと、心の柔軟性が高まっていきます。心が柔軟な人が増えれば、自ずと集団や組織の中の心理的安全性は増すはずです。

中村　個人が自分の感情に自覚的になることで、チームとしても心理的安全性が高まっていって、結果この第1のフォーミングの段階から次のストーミングの段階に行きやすくなる、そういう構図なんですね。

役割を超えた人間同士の向き合い方ができたときにフォーミングが進む

長尾　「実は私、こういう仕事がすごく辛くて苦しくて」っていう話をするためには、なぜその仕事が辛くて苦しいのかということの理由を、自分自身で理解しておかないといけないんですよね。言葉として言えれば周りも対処のしようがあるんだけど、辛くて苦しいことそのものに気付いてないっていう人も結構多い。そういう人がいると、やっぱり集団の心理的安全性は生まれない。これは本当に色んな集団において起きていることです。

中村 感情に言葉を与えることにそもそも慣れていなかったり、「こうあらねば」で感情を押し殺してしまっていたり。よくある話ですね。

長尾 みんな大人だから、自分が辛いとか苦しいとか嫌だとか悲しいとかという感情を、第1ステージの状況で口にしないんですよね。プライベートと仕事は分けたいという意識もあるし。

でもね、役割を超えて人と人としての付き合いをしないと本当に心理的安全性のある集団にはなりません。なぜなら、役割とか役職で動く、動かすという関係は、お互いに不安感しか生まないんですよ。「社長なんだからちゃんとしてよ」とか「社員なんだから言うこと聞いてよ」となっちゃう。そうではなくて人としてお互いの感情を尊重し合うということができると、自然とフォーミングが進むはずです。

中村　そういう意味で、役割や肩書きを外して自分や相手と向き合うことが必要だと思うんですよね。

特に組織が大きくなっていくと、階層構造という縦の構造ができて怖れや不安を生み出しやすくなってしまう。そして会社は社会の様々な力学の中で、成長が求められます。成長のために「こうあらねば」という怖れの感情からトップが動いてしまうと、マネージャー、メンバーへと怖れの連鎖ができてしまう。会社のスケールでいうと、このトップの心のあり方に根本の原因があると思っています。

そして、この怖れの連鎖を緩めるのが、役割や肩書きを外して自分や相手と向き合うこと。自分や相手に対する「こうあらねば」をいったん脇に置いて、「こうありたい」という願いを感じてみる。役割や肩書きが自分のフィルターを通して生み出している「あらねば」の幻想が、それぞれの感情を見えないものにして、怖れの連鎖を強めていることを自覚するのが大切だと思うんです。

長尾　いくつかの会社で「ジョブシャドー」いう取り組みをしています。、日本語で言うと「カバン持ち」ですね。週に一度、3年目ぐらいまでの若手が一日社長のカバン持ちをして、社長が何をしてるかっていうのを知る機会をもつんです。ただカバン持ちするだけじゃなくて、その日の終わりには振り返りの日報を書いたりしてみんなからコメントをもらうんです。それを見ていると、その立場に立ってみて初めて見えるものが、すごくあるんですよ。「社長って毎日ふらふらしてるだけだと思ったら、いろんなところで大事な話をしてるんだということが分かった」とかね（笑）。「短い時間で決めなきゃいけないことがたくさんあって、決めるというのは自分で責任を負うということなんだと気づいた」とか、「社長は誰にも許可をもらわないで仕事をしてるのかと思ったら、めっちゃみんなに許可をもらってた」とか（笑）。

中村　なるほど、なるほど。

長尾　ヒエラルキーは非対称的な関係性なんです。だから非対称な状態を対称にする、つまり情報をオープンにしたり権限移譲をすること、お互いの感情を共有することで、役割を超えた人間どうしの関係に近づけるんじゃないかな。

関係の質を高めるには環境や時間が必要

長尾 あとは、感覚や感情の共有ってすごく大事だと思います。新型コロナウイルスのおかげでリモートの仕事が増えた結果、同じ時間に同じ場所で、同じもの食って同じもの飲んで話をすることの価値が、すごく分かりましたよね。例えば会社のオフィスというのは、体験の共有をするための「しつらえ」、機能の一つだったんだなと、改めて気づいたりしました。

中村 そうなんですよね。本当は同じ場所に集まればいいんでしょうけど難しくなっているから、オンラインであっても、仕事の中で感情と向き合うインフォーマルな時間を取ろうというのが僕の提言です。そのときに、自分の感情を吐露してもマイナスな評価はされないよ、怖れなくていいよ、といったことを伝えるためのグランドルールや工夫みたいなものがあった方がいいのかもしれないですね。

長尾 怖れや不安を脱却するために何が必要かという視点でいくと、この「よいアクティビティの成立条件」が参考になるかも。

よいアクティビティの成立条件

1. 一人では達成できない
2. 全員で協力せざるを得ない
3. 制限（お金・時間・道具・人材）が明確になっている
4. ゴールが明確になっている
5. 目標を自分たちで決められる
6. テーマがあり、体感・実感できる
7. 活動後、参加者同士がアクティビティを通して何を共有したか、明確になっている
8. ファシリテーターが、そのアクティビティを通じて何を伝えたいか明確にある
9. 十分な振り返りがある
10. 参考にできる事例が少ない
11. 最初の時点で達成できるかどうかがわからない
12. 再チャレンジ可能
13. 難易度が調節できる
14. 「フロー（没頭）」が体験できる
15. 現実と理想のギャップを明確にできる（できている状態とできていない状態が明確にわかる）
16. 失敗しても誰の責任かが追及されない

僕は、みんなの仕事を「アクティビティ」にしたいと思っていろいろやっているうちに、何を揃えたらいいのかというのがだんだん分かってきたんです。この1から16の条件を満たせば満たすほどアクティビティになっていく感覚があるんですよ。関係性の質を上げようと思ったとき、人間関係を直接変えようとするんじゃなくて、今いる環境とか仕事の仕方を変えることで上がっていくっていうことなんだと思います。人の感情そのものは不合理なものだからこそ、こういった〝環境〟から合理的に整えていくことが、すごく大事なんじゃないかな、と。

中村 よいアクティビティの成立条件を環境として作ってあげつつ、人間対人間の相互理解を進めていこう、ということですね。

長尾 そういうことです。あと、時間をかけることはものすごく大事だと思う。みんな、楽に速くやりたいんですけどね。

中村 急ぎたくなっちゃいますもんね。

長尾 気持ちは分かる。俺だって速くやりたい（笑）。でも「涵養」って言葉、聞いたことありますか？

中村 カンヨウ？

長尾 あんまり普段使わない言葉ですよね。元々は水文学の用語です。どういうことかというと、山に雨が降って、木がたくさん生えてて、土がたくさん水を吸って、時間をかけて濾過して、地下水になって、それが川になって、人々に水をもたらす。――そんな風にじっくりじわじわ物事を進めていくさまを「涵養」って言うんです。

もう一つ僕が好きな言葉に「陶冶」っていうのもあって。

中村 トウヤ、ですか。

長尾 「陶冶」は陶芸の言葉で、土をよくこねること。じっくりと隅々まで染み渡らせる「涵養」と、じっくりとこねる「陶冶」これが今の私たちには足りていないと思うんですよね。

今の会社や僕らの暮らしって、ムダなものを排除して効率化するのがいいことになっているし、意味を人から与えられたいという欲求が強くなってるような感じがします。

「この仕事、何のためにやるんですか？」って聞いてくる若い職業人が増えているように思います。だけど、「意味は自分で見つけるんだよ、見つからなかったら他者といっしょに探すんだよ」と伝えたいです。20年、30年かけて、意味を探していくことそのものに価値があるんだと思うんです。

中村 同感です。感情を切り口にしたマネージメントって、一見めちゃくちゃムダに見えるんですよ。効率化しようとすると、どうしても感情の時間が削ぎ落とされてしまうことが結構起きているようなような気がしていて。

特にリモートワークをするようになると、移動中にぼーっとすることとか、雑談することとかもなくなって、一見すごく合理的な時間ばかり過ごせるんですよね。でも、その一見ムダだと思ってたものが、実は全然ムダじゃなくて合理的だった、みたいなことがあると思うんです。

長尾 「社員旅行」とかね。あんなムダなものはないって思うかもしれないけど、あんなに意味があることは他にはないんですよ。人と人として関わることだから。

中村　そうですよね。社員旅行、行きたいなぁ（笑）。

自分と他人は違うからこそ、共感的な態度が必要になる

長尾　あとね、「自分と他人は違うという前提に立つことって、案外難しいよな」ということも僕は感じてます。どうしても自分が感じているように相手も感じてるだろうと錯覚しちゃう。

でも、他者を自分と同じようなものだと考えて、自分の延長線上にあるものとして扱ってしまうと、人間関係って上手くいかなくなるんです。

上司と部下の間のパワハラなんて、まさにそういう状態で、自分の体の延長線上に他人の体もあって、自分の思い通りに動かせないと駄々をこねるのが、パワハラおじさんなんだと思うんですよね。

中村　そうですね。逆にメンバーの立場でも、「なんで上司は現場のことを分かってくれないんだろう」と、分かってる前提で期待をしてしまったり。経営者も「なんでみ

んな経営者目線持たないんだ」って言ったりしますけど、別のことに向き合ってるんだから当然ですよね。

長尾 自分と他人が違うという前提に立つと、「自分自身がとても孤独な存在である」ということに気づくわけです。そこで初めて、じゃあどうしたら他人に分かってもらえるか、自分が他人を理解できるのかということを真剣に考え始めます。僕は40歳過ぎてからようやく、関係をつくることの価値とか意味が分かるようになりました。「すげえ寂しいな」と思ったけど、「寂しいから分かり合うことがすごい大事なんだな」と。

中村 違うものを見て、違う感情を持っている相手だからこそ、相手の目線に立って世界を見ようとするということが大事なんですよね。

長尾 そうですよね。いろいろな本に、共感的な態度を持つということはすごく大事だと書いてあって、「そうなんだろうな」とは思っていたんです。でも、実感として分かってきたのはようやく最近のことです。

中村 一緒に同じご飯を食べて「美味しいね」っていうのはやりやすいんです。でも、自分が体験していないことについて、相手の目線に立って「悲しいね」とか「それは辛かったね」っていうのはなかなか自然には言えない。ちょっとした羞恥心とか、その作法が分かりにくいということが、それを難しいものにしていると思います。だから、一緒にランチ食べるのと同じように、『ｅｍｏｃｈａｎ』で遊んでみるとか、そういう機会があるといいんですよね。「今は感情のことを話して聴く時間だからね」という〝言い訳〟があると、「実は悲しいことがあって」と言い出せる、そして「悲しかったね」と共感できる、ということがあると思います。

人と人との関係に希望をもてる人は自分らしく働ける

長尾 今話していてふと思ったんですけど、仕事をしていく上では、売上とか利益とか顧客数とか製造数とか、自分だけでコントロールできないことがたくさんありますよね。コントロールできないことが増えるというのは、希望をなくすことに近いんです。でも、人と人との関係性だけは希望がある感じがするんですよね。

今、目の前にいるこの人とは親密な関係性をつくることができるかもしれない。そこに希望を見出すことができる人は、のびのびとありのままの自分で働けるんだろうな、と思います。世の中がどんなに上手くいかなかったとしても、ここにいる私とあなたというこの関係においては、その苦労や喜びを共にすることができるかもしれない。そんな希望がある職場は、すごく楽しいんじゃないかな。

中村　すごく不確実性の高い世の中で、事業とか会社経営は自分ではどうにもならないところがあるけれど、私とあなたの関係は変えていける希望があるよね、ということですね。その希望を感じられると、まず自分からアクションしてみようかなと思えたりして、アクティブに仕事することができるようになりそうですね。

第5章

これからの職場のあり方。そしてあなたからできること

コロナ時代の働き方が引き起こすチームのバッドサイクル

新型コロナウイルス感染症「COVID-19」は、またたく間に世界に広がり、この本を書いている2020年10月現在も収束の兆しは見えない。しばらくは、感染の拡大を避けることを優先する「ニューノーマル」な暮らし方を受け入れていかざるを得ない状況だ。

そうなると、仕事の場で自分の感情を自覚し、それを分かち合うことの重要性がますます高まっていくと、僕は見ている。

緊急事態宣言の発令中は通勤の自粛が要請され、多くの会社がリモートワークに切り替えた。やってみて、「リモートワークって意外と仕事がはかどるな」と感じた人も多いんじゃないだろうか？

会議一つとっても、これまでだったら自席から会議室まで移動し、他社の人がいれば名刺交換したりお茶を出したりもして、みんなが席についたら資料を配布、それからようやく本題に入る――みたいなプロセスがあった。それがオンラインになると、全員が席についた状態で始まり、「資料は事前に送るから読んでおいてね」と言っておけば即座に本題に入れる。議題が終わって「じゃあ、今日はこれで！」という一声で、みんなあっという間に解散して次の仕事に移っていく。

デスクワークでも、オフィスでやっているときは誰かが話しかけてきたり電話がかかってきたり、近くで交わされる会話が聞こえたりするけれど、自宅であれば誰の邪魔も入らずに集中できる。

最初は「すごい効率いいな！」と感動したりするのだけれど、これが続くとだんだんと息切れしてくる。それは隙間の時間がなくて休まらないということもあるけれど、それ以上に仕事の合間に交わしていた何でもない雑談や相手の雰囲気から、インフォーマルな情報のやり取りをする機会がなくなっていることが大きいと思う。それによって感情が見えにくくなっているのだ。

僕は、職場で仕事そのものに関して話し合う時間を「アタマの時間」、自分が最近感じ

アタマの時間

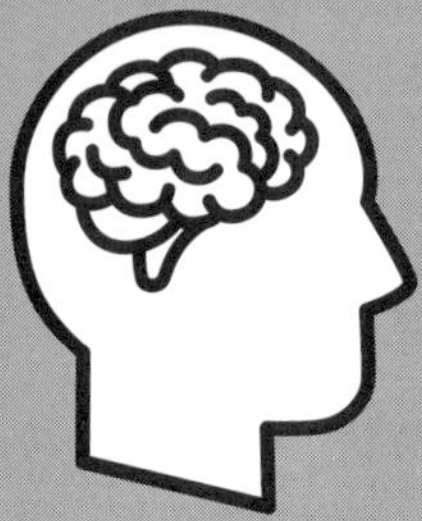

課題解決

議論

評価・判断

Doing

どう考えているか？

特にオンラインはこっちに寄りがち

ココロの時間

共感

対話

寄り添う・受け止める

Being

どう感じているか？

こっちはあえて作らないと難しい

ていることについて話し合う時間を「ココロの時間」と呼んでいて、会社のマネージャー陣には「ココロの時間も取ろう」と呼びかけている。

みんなとオフィスで会うことができたときは、「最近どう？」と話しかけるチャンスも多く、雑談をきっかけにした「ココロの時間」を持つことがそう難しくはなかった。また、ミーティング中など「アタマの時間」の中でも、目の前に相手がいると「あれ、なんだか今日は元気がないな」とか「気分が乗ってないみたいだな」といったココロのメッセージを感じとりやすい。

ところがオンラインでやり取りしていると、テキストメッセージや平面的な画面に映る相手の姿からは、なかなかココロに関する情報をキャッチするのは難しい。先にも指摘したとおり、雑談を交わす隙間の時間も生まれにくい。自然に任せていると「ココロの時間」はどんどんなくなっていく。そうなると、チームは次頁のようなバッドサイクルをたどっていくことになるだろう。

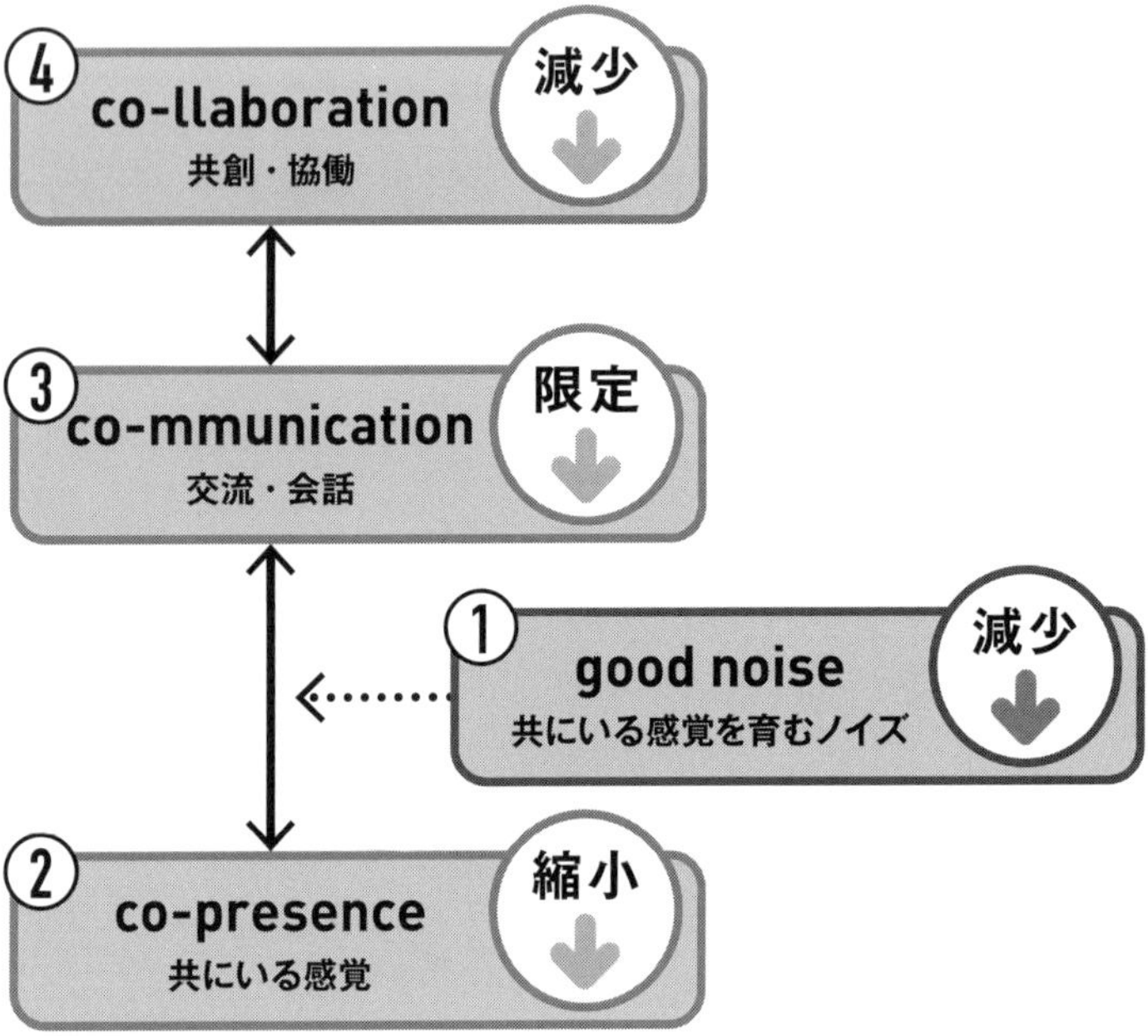

“共(co)”の感覚が失われていくバッドサイクル

① 共にいる感覚を育むノイズ（good noise）の減少

アジェンダをこなすオンライン会議が続き、チーム内で何かに共感したり、誰かの感情に心を寄せたりするようなインフォーマルな機会が少なくなる。

② 共にいる（co-presence）感覚の縮小

good noiseが少なくなることで、チームメンバーの状況がわかりにくくなり、共にいる感覚が縮小する。

③ チーム内の交流や会話（co-mmunication）が限定的に

心理的な距離が遠くなっていき、チーム内の交流や気軽な会話が生まれにくくなる。

④ 共創・協働（co-llaboration）の減少

その結果、チームでの共創・協働が生まれにくくなる。これにより、短期的には業務が効率化したように見えても、長期的には生産性が下がっていくことになる。

ニューノーマルな働き方で「ココロの時間」を増やす方法

僕らの働き方がコロナ以前のやり方に戻るのであれば、バッドサイクルも一時的なものとしてやり過ごせばいいかもしれない。

でも、当面は感染リスクがなくならないし、リスクが十分低くなったとしても、一度変化し始めた働き方が完全にもとの形に戻ることはないだろう。そういう見通しのもと、リモートワークの増加に合わせてオフィスを縮小する会社も増えてきている。ツクルバにも「オフィスを縮小したい」という相談が増えてきているし、自分たち自身も数フロアに分かれていたオフィスを一つのフロアに集約することにした。

暮らし方や働き方が「ニューノーマル」に移行していく今、マネジメントや組織のあり方も変えていかなければいけない。バッドサイクルを止めてグッドサイクルに転換するようなやり方が必要だ。

リモートワークが増えたチームにグッドサイクルをもたらす起点の一つは、「ココロの時間」を増やすことだ。例えば、仕事上の〝フォーマル〟なコミュニケーションの時間の一部に、雑談という〝インフォーマル〟な時間を取り入れることを提案したい。

「リモートワークが増えると雑談の機会が減る」というのはよく言われていることだ。その状況を変えるために、仕事用のグループチャットに雑談専用のスレッドを立てたり、あえて雑談をするための時間を取ってオンラインでしゃべる、といった取り組みをしている会社も多い。

僕もチームで「○月○日○時から、ビデオ会議にログインして雑談しましょう」みたいなことをやってみたのだけれど、あまり上手く行かなかった。普通、雑談というのはいつの間にか始まっていつの間にか終わる。それをわざわざ予定を決めてやるのに違和感がある。インフォーマルなものである雑談を、フォーマルにスケジューリングして集合をかけ、「はい、雑談始めましょう」というのがなんだかヘンな感じなのだ。

それよりも、フォーマルなミーティングの中でインフォーマルな雑談の時間をとる方が、僕らのチームではしっくりきている。

具体的には、ミーティングの冒頭に5〜10分ほど「チェックイン」の時間をとり、各自が今の気持ちやその気持ちを引き起こした出来事について話していく。そうすると、ビデオ会議の画面からは分からなかったその人の気持ちのノリ具合やコンディションなんかが見えてくる。もし気になるチェックインをしていたメンバーがいれば「1on1のときに少し突っ込んで話してみよう」とか、個別の関わり合いを増やすきっかけにもなる。

チームを超えて「共にいる感覚」を増やすグッドサイクル

リモートワークでも、インフォーマルな雑談の機会、特に感情を軸にした共感の機会を持つことは関係の質を高めるきっかけになる。だが、チームを超えて会社としての一体感を持つには、さらに工夫が必要だ。

オンラインでは、チームが異なると会議で集まることすらも少ないので、そのままではチームを横断して近況が漏れ聞こえるような機会は生まれない。そこで、チーム内での

「チェックイン」の内容を録音して社内に公開し、他の人も聴けるようにする実験を進めている。

ある日、ミーティングのチェックインの時間に「歯が痛くて、週明けに歯医者に行かなきゃいけないんです」と浮かない気持ちを吐露したメンバーがいた。すると、それを録音で聴いた他のチームのメンバーから「大丈夫ですか？ 私も虫歯になりやすいので、その気持ち分かります」というメッセージが送られてきたのだそう。他愛もないやりとりだが、彼女はそれを嬉しそうに報告してくれた。雑談がチーム内に閉じていたら、起こり得なかった出来事だ。

何かの作業をしながらでも、ラジオを聴くようにみんなの感情にまつわる雑談を聴いてみる。そうすると、仕事上の絡みが少ない人でも、同じ組織に存在しているというリアリティや、親しみを感じられるようになるのだ。

このように、チーム内、チーム間の感情の共有を習慣にしていくと、次のようなグッドサイクルが期待できる。

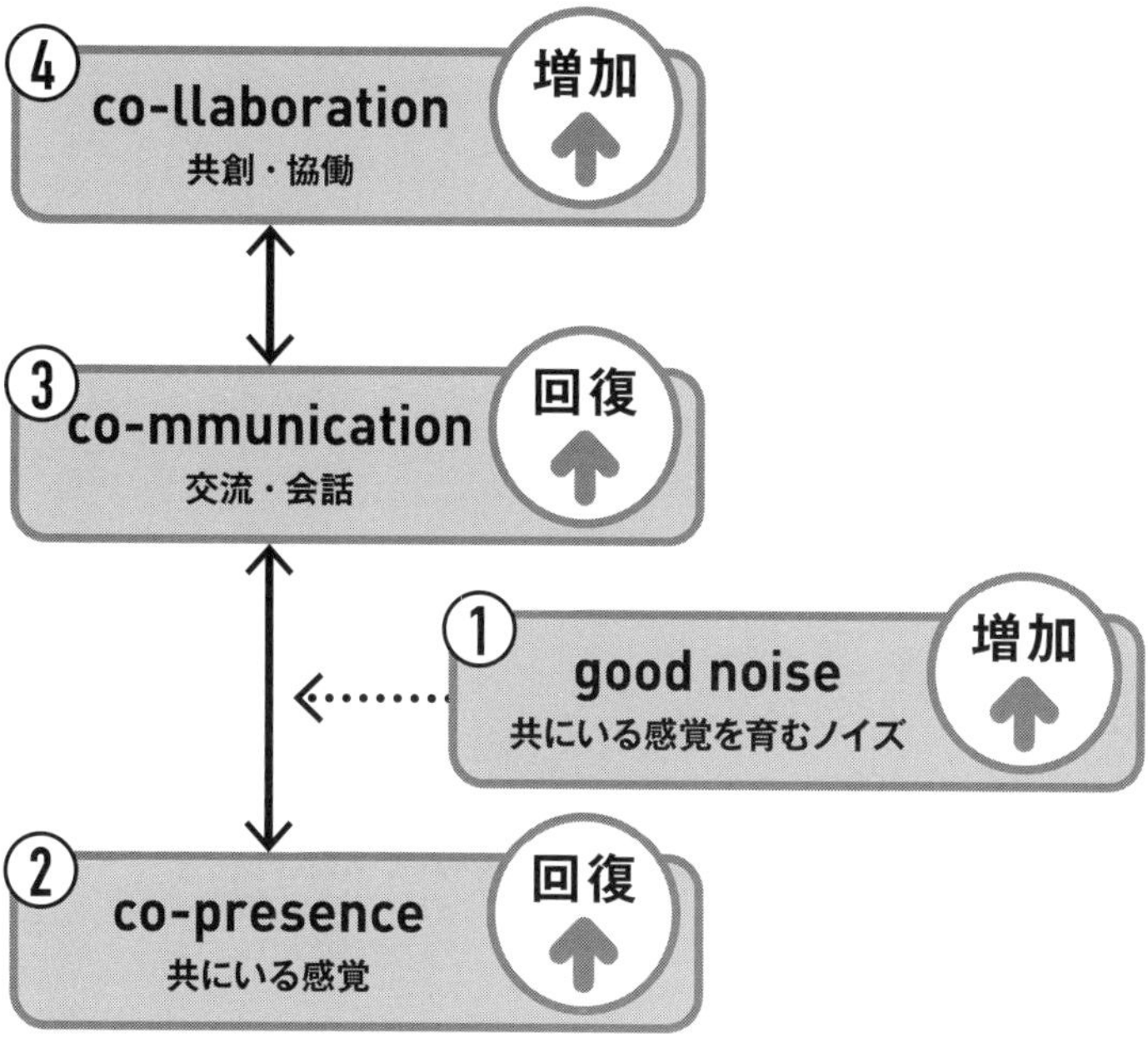

“共(co)”の感覚が増えていくグッドサイクル

① 共にいる感覚を育むノイズ（good noise）の増加

例えば、ミーティングの時間を一部使ってチェックインをすることで、感情を切り口にした分かち合いの時間を習慣にする。

② 共にいる（co-presence）感覚の回復

good noiseが増えていくことで、チームメンバーの状況がわかりやすくなり、共にいる感覚が回復する。

③ チーム内の交流や会話（co-mmunication）が回復

心理的な距離が縮まっていき、チーム内の交流や気軽な会話が回復してくる。

④ 共創・協働（co-llaboration）の増加

その結果、チームでの共創・協働がしやすくなる。これにより、生産性が上がっていく。

オフィスが果たしていた役割を他の方法で実現する

今までのオフィスが担っていた役割の中から、「交流」と「アイデンティティの象徴」の2つをピックアップしてみたい。これらは、そこにいる人たちの「共の感覚」を醸成する上ですごく大事なものだった。ニューノーマルな働き方でみんながオフィスに集うことが少なくなったとき、その役割をどう担保するかを考えなければいけない。

オンライン上での雑談を録音し、参加していなかったメンバーも聴けるようにするというのは、「交流」の機能をオンラインで実現するということだ。

オフィスに集って仕事をしている場合、自然に他のチームの人たちの言動が見えたり聞こえたりするし、給湯室やコーヒーマシンの周りなどでチームを超えたコミュニケーションも起こりやすい。だから、一定数の人が「関係の質」が高い状態になっていると、それが自ずと周りにも染み出していき、会社全体の空気も徐々に変わっていく（4章のアキラさんとの対談で出てきた、オセロの例えやキャズム理論のことを思い出してほしい）。

だけど、リモートワークで直接的に仕事の関係がある相手としかやり取りの機会がないと、それ以外の人の姿は見えてこず、つながるチャンスもない。そんな中でオフィスの「給湯室」のような状況をいかにつくるかが、コロナ時代にはとても重要なテーマの一つになるだろう。

オフィスが担っていたもう一つの機能、「アイデンティティの象徴」というのは、そこに行けば「共にいる感覚」や組織に所属している感覚を持てるということだ。

以前のツクルバのオフィスには、壁一面に歴史的な名盤と言われるアルバムのレコードジャケットを並べた一角があった。エンジニアとデザイナーのチームが関わったプロジェクトの名称をアルバムのタイトルから取るようにしていて、例えば「プロジェクト〝アビイ・ロード〟」が終わるとビートルズの『アビイ・ロード』のレコードを買って並べていく、ということをやっていたのだ。彼らは形のないデジタルのプロダクトをつくることが多いので、あえて目に見えるものを残すことにした。それによって、「自分たちの足跡がここにある」と感じられるからだ。

このレコードジャケットに限らず、飾ってあるいろいろな写真や絵、メンバーがDIYで作った棚など、これまでもオフィスにはみんなの思い出を共有できるものがたくさんあった。それらが会社のカルチャーを象徴し、そこに来ることで、自分がその組織の一員だということを認識できるのだ。

オフィスに来る頻度が減るならば、「アイデンティティの象徴」をオフィス以外で共有する方法も必要になってくる。そこで僕らは、ロゴの入った大きな提灯を作ってみた。普段はオフィスに飾っておくのだけれど、提灯というのは畳めば平面になり、軽いので持ち運べる。どこか別の場所でイベントをやったり、合宿をしたりするときにその提灯を持っていって掲げれば、即席で「自分たちの場所」と感じられる場所にすることができる。いわばオフィスという場に変わる、モバイルな「アイデンティティの象徴」というわけだ。

SUKURUBA

新しいメンバーシップ型組織をつくるために

ニューノーマルな働き方への転換に向けて、企業の中には「ジョブ型の人事制度への転換」を打ち出すところも出てきている。

これまで日本の企業が社員を採用するときは、新卒で会社のメンバーとして迎え入れ、その会社の企業文化のなかで教育しながら、その時々に必要な仕事を割り振る、いわゆる「メンバーシップ型」のやり方がほとんどだった。

一方、欧米諸国はまずはポストやタスクありきで、それに当てはまって即戦力になる人を採用をする。その人がやるべき仕事や期待される成果などを定義した「ジョブ・ディスクリプション」を提示して雇用契約を結ぶ「ジョブ型」と言われる人事制度だ。

日本で「メンバーシップ型」が主流だったのは、終身雇用という前提が大きい。その人が担当していた仕事がなくなっても他の仕事に回ってもらうことで解雇を避ける。そのためには「ジョブ・ディスクリプション」みたいな縛りがない方が柔軟でいいのだ。そして、これまでは場所と時間を共にしながら働くことで、自然にコミュニケーションしながら何をどのように進めているかを把握しやすかった。いつも上司が部下のそばで「ちょっと、この仕事頼むよ」とか随時臨機応変に指示することができた。これがリモートワークになるとやりづらいので、今はジョブ型に注目が集まっているのだ。

ジョブ型であればリモートワークがやりやすい。これは本当だろう。でも、今までメンバーシップ型だった会社が、急にジョブ型に転換できるものだろうか。

僕は「ゼロか100か」のように、どちらかを選ばなければいけないということはないと思う。せっかくメンバーシップ型で積み上げてきたものがあるのなら、ニューノーマルに合った新しいメンバーシップ型を作ればいいじゃないか。

常に顔を合わせていない状態で事業を回していくためには、上司が部下に逐一指示をするスタイルは変えなければならない。それぞれがやることを明確にし、途中のプロセスは本人に任せる形にしていくことは必要だろう。そうなると、評価方法もプロセスではなく成果による評価方法になっていく。それでも、各自がバラバラに自分のタスクだけを遂行していくのではなくチーム内で、そしてチームを超えて、「共にいる感覚」を保ち続けられるようにするのが僕の考える新しいメンバーシップ型だ。そしてそれを成功させる鍵が、チーム内で「ココロの時間」をつくることと、それをチームを超えて共有することなのだ。

● 以前から
継続するテーマ

チームの「関係の質」を高めて
やりがいと生産性を両立する
チームへ。

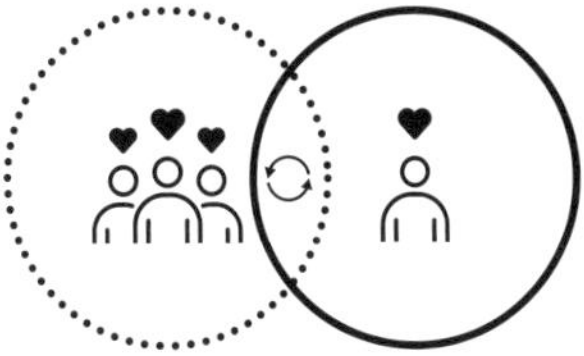

● アプローチ

それぞれが自分の感情を自覚
し、仕事仲間とそれを分かち
合うことから始めよう！

＋

● リモート時代の
新しいテーマ

チームを超えて共にいる感覚
を高めて新しいメンバーシッ
プ型の組織へ。

● アプローチ

チームを超えたインフォーマ
ルな関係性を意識的につくる
ことで、離れていても共にい
る感覚をつくっていこう！

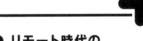

マルチスタンダードを許容するホリスティックなマネジメント

コロナ禍の働き方で重要になったことがもう一つある。メンバーの様々な事情を許容することだ。

感染者の増加を受けて学校や保育園、幼稚園が休校になり、子どもの面倒を見ながらリモートワークをした人もたくさんいるだろう。我が家でも娘と家にいて、いつもどおりに仕事をするのが難しいときもあった。メンバーの中には、子どもが寝た後の深夜に仕事をし、昼間は育児をせざるを得ない人もいたくらいだ。

会社としては就業時間を定めている。でも、こういう状況の中では定時にこだわってはいられない。子育てに限らず、それぞれの家庭の事情や仕事環境の違いがある。これまでは、「働く場所はここ」、「時間はこれ」といった統一のルールでやっていくことにそれほど疑問を感じていなかったけれど、それでは無理をせざるを得ない人がたくさん出てきてしまう。みんなが違う事情を抱えているんだということを理解し、それぞれが異なるやり方でベストを尽くすというマルチスタンダードを許容しないと、組織は持続可能でなくなってしまうだろう。

家庭の事情や環境というのはハード面の話だけれど、ソフト面であるモチベーションも、人によって様々だ。最近の若者は社会貢献とか成長機会なんかにモチベーションを喚起されやすいとよく言われるけれど、中には「とにかく稼ぎたい」という人もいるだろうし、「仕事はそこそこで、趣味に時間を費やしたい」という人もいる。

どれが良くてどれが悪いという話ではなく、どんなモチベーションのあり方も認め、それぞれの適材適所を考えて力を発揮してもらう。そうやって各個人のあり方を尊重しつつ、それを組織のパワーに編集していくのが、これからのマネジメントが目指すべきところなんだと思う。

メンバーの生き方や価値観を包括するという意味で、僕はこれを「ホリスティック（全体的）なマネジメント」と呼んでみたい。これは、今の時代に求められていることでもあるし、僕らの会社が成長してきた結果、必要になったことでもある。

1章で振り返ったように、創業間もない頃のツクルバはサークルみたいなノリで、みんな若くて価値観も似通っていた。抱えている事情やモチベーションの違いを意識する必要がほとんどなかったのだ。でも、メンバーが200人くらいになった今は、新卒の若手もいれば子育て中のパパママもいたりと様々なライフステージの人がいて、同じ年齢層であっても抱えているものは様々であり、小さな社会のようになってきた。

そうなってくると、誰にでも同じルールを当てはめて同じように接していればいいというわけにはいかない。「時間的な制約があってフルタイムでは通えません」という人については、パートタイムやリモートワークなどの働きやすい方法を考える。「今はとにかく仕事に全力を注ぎたい！」という人には思いっきり暴れまわってもらえるような仕事を任せる。それぞれ個別に向き合うのは手間ではあるけれど、マルチスタンダードを前提にすることが今の時代のマネジメントに求められていることだと思うのだ。

ホリスティックなマネジメントを可能にするセルフサイクルとチームサイクル

ホリスティックなマネジメントを成り立たせるにも、セルフサイクルとチームサイクルが回る状態が不可欠だ。

例えば、チームの中で自分だけが子育てしながら働いているというとき、「子どもとの時間をとるために勤務時間を変えたい」という希望を出すことができるかどうか。それは「他の人と違う自分のニーズを言ってもいいんだ」という心理的安全性がないと難しい。

同時に、メンバーの心の柔軟性も必要とされる。「他の会社にはこんな制度があるのに、うちの会社にはない」というとき、「イケてない会社だな」と不満に思ったり、「うちの会社では認められていないんだ」と諦めるだけでは何も変わらない。まずは自分の感情を自覚し、本当に願っていることを問うてみよう。そうやって自分とつながり、新しい制度が必要だと確信したなら、実現に向けた行動に出ることができるはずだ。

制度というのは、その必要性が生まれてはじめて作られるものが多い。例えばツクルバでは、「男性の育休制度がほしいんだけど……」という声が当事者から出るようになって、「そういえば、そういう制度がいるかもね」と考え始めた。

僕は、制度からこぼれてしまっていることにこそ、クリエイティブな可能性があると思っている。「リモートで仕事できることが分かったから、地方に住んでもいいですか？」みたいな話が出てきたときに、「うちにはそういう制度はないのでダメです」と切り捨てるのではなく、「今までは、どうしてダメだったんだっけ？」「じゃあ、こういう制度にしようか」と一つ一つ向き合っていく。そうやって「合意形成」ができるのがチームなんだと、4章でアキラさんも話してくれた。

生涯を通じた人の成長に寄り添う「寺のような会社」

いいチームや組織をつくるということと同じく、あるいはそれ以上に大事にしたいのは、個々人の人生を豊かにするということだ。

仕事の時間は日常生活の多くを占める。だからこそ、様々な感情を味わいながら自分をより深く知ることができる職場、「ありのままの自分でいられる」という安心感のある職場が増えれば、きっと幸せな人が増えると思う。


1章で「寺のような会社」を作りたいと書いたけれど、その第一歩は、「公私の境目なく、私的な部分も安心して見せられる場」をつくることだと思う。

例えば「今日は娘が熱を出していて、なんとなく仕事に集中できない」というとき、無理して平常心を装うのは辛い。周りの人も「何かあったのかな？」と思いつつ聞くことができないと、「ちゃんと集中してくれよな……」なんて不必要にネガティブな感情を持ってしまうかもしれない。

それよりは、「実はこういう事情で、今日はちょっとソワソワしちゃってるんですよねぇ」みたいなことが普通に言えた方がいい。そうすれば本人は無理する必要がないし、周りもモヤモヤしなくてすむのだ。

これができるのは、みんなが人間として向き合おうとしているチームだ。人をただの労働力としか考えていない職場では、「家族のことが心配で……」と言ったところで「だから何？」という反応をされるかもしれない。そんな場所では「ありのままの自分は見せられない」と感じてしまうだろう。

お互いに人間として関わろうとしているなら、「今日は早めに上がったら？」とか「あの作業、やっとこうか？」といった気遣いが自然に出てくるはずだ。どちらが気持ちよく働けるかといえば、絶対に後者だろう。

僕は、ぬるま湯みたいな気持ちのいい職場を作ろう、と言いたいわけではない。ありのままの自分でいるということを突き詰めると、自分が本当にやりたいと願っていることは何なのかとストイックに考えることになる。その願いと仕事の内容がつながったときに内発的動機が生まれる。そうなると、仕事そのものに対してはむしろ厳しい姿勢で臨むようになるはずだ。内発的動機のないままに難しい状況に追い込まれるとしんどいが、内発的動機があるときは困難や壁があっても心が折れず、果敢に挑戦することができる。本当の意味で生き生きと仕事ができるはずだ。

一般的な会社は、事業に必要なスキルアップは支援しても社員の人間的な成長にまで関与することは少ないかもしれない。だけど「寺のような会社」は、仕事を通じて人間的成長を促すような場でありたい。

例えばマネージャーがメンバーと話をするときには、相手の人生観の理解につながるような問いかけや、その人の本当の願いと仕事をつなげる方法について対話をするなど、深いコミュニケーションができるといい。組織全体にセルフサイクルとチームサイクルを回していく習慣が根付いていて、そこで働いているうちに自然と自己理解と相互理解が深まり、仕事も人生も主体的に楽しめるようになる、そんな場所だ。

中には、自分の本当の願いを追求するために会社を飛び出していく人もいるかもしれない。それは会社にとっては一時的には痛手かもしれないけれど、それほどのエネルギーを抱えた人が輩出されるのは、社会にとってはとても意義のあることだ。「寺のような会社」

はそれをよしとする、ある意味では公共的な存在という側面もあると思う。自己の営利の論理だけで動くのではない、公共的な会社の形だ。

すでにある、人間的な成長に寄り添う会社

僕が語る「寺のような会社」は、机上の空論のように思われるかもしれない。でも、『ティール組織』にはそんな会社がたくさん出てくるし、僕の身近なところにも実践例がある。

例えば、オーダーメイドウェディングをプロデュースする株式会社CRAZY。彼らは採用面接のときから、相手の人生観や大切にしていることを深掘りする。そしてめでたく入社が決まった人は、それを全社員に向けて語る「ライフプレゼンテーション」をするのが習わしになっている。その準備期間には「バディ」役の社員が一人つき、その人のこれまでの人生や価値観を徹底的に話し合いながらプレゼンを磨き上げていくという力の入れ

ようだ。

僕はＣＲＡＺＹの社内コンテストに呼んでもらったことがある。それは、「世界で最も人生を祝う企業」という会社の※ビジョンに通じる「誰かの人生を最も祝ったストーリー」を発表し合う場だった。コンテストだから最後には一番良かった発表が選ばれるのだけど、本当の目的はそこではないんだろうな、と感じた。

※ＣＲＡＺＹは今は「世界で最も人生を祝う企業」というビジョンを掲げていない。２０２０年９月に、それに変わる新たなパーパスを発表した。これも、経営陣やメンバーそれぞれが、自分たちのありたい姿を真摯に追求した結果なのだろう。

彼らがこのコンテストを通じてやりたいのは、みんなの心の成長を促すことなんだと思う。仕事の中で感情が大きく動いたエピソードを共有することで、発表する本人はもちろん、聞いている仲間も、共感や驚きを通して自分自身の価値観に改めて気づいたり、ＣＲＡＺＹという会社にいる意味を深く考えることになるからだ。このような「ココロの時間」の作り方は、僕らも大いに参考にしたいと思う。

モバイルゲームなどのエンターテインメント分野で急成長しているアカツキも、感情の共有が日常になっている会社だ。共同創業者の塩田元規さんは著書『ハートドリブン目に見えないものを大切にする力』（幻冬舎）で、「これからの時代には、見えないものを大切にしている会社やリーダーが成功していく」と書いている。まさに人の〝ハート〟を中心に組織づくりをし、事業を成功させてきた実例がアカツキなのだ。

アカツキには、文化創造・組織活性をミッションとする「Heartful（ハートフル）」というチームがある。組織のみんなのハートを豊かにするということに、それだけ本気で取り組んでいるということだと思う。

組織のあり方に与えるトップの影響

「寺のような会社」では、セルフサイクルとチームサイクルの相互作用によってメンバーそれぞれが自分と、そしてチームとつながり、心が成長していく。その成長のスピードや質は、個々人が生きてきた歴史やそのときのライフステージによっても異なるだろう。また、若いうちから自己と他者への理解度が高い人もいれば、年齢を重ねても自己受容や他者の感情の理解が難しい人もいて、年齢や役職などと自動的にリンクするものでもない。

僕が接していて「心が深いなぁ」と感じる人は、周りの人を一人ひとりの人間として捉え、向き合っている。逆に、仕事の場だからといって相手を単なる労働力として扱う人は、感情の共有などできないし、自分自身についての理解も浅いままにとどまるだろう。

また、チームのリーダー、その上のマネージャー、会社のトップの意識の影響は、とても大きい。メンバーが感情を自覚して分かち合うことをサポートできるリーダーがいれば、チームのセルフサイクルとチームサイクルはなめらかに回っていくだろう。逆に、感情というものに興味を持とうとしないリーダーの元では、チームの心理的安全性は生まれにくい。

チームのリーダーが「ココロの時間」をないがしろにして「アタマの時間」ばかりに注力してしまう場合、それはさらにその上のマネージャーや経営トップの影響を受けている可能性も高い。例えば経営トップが数字の目標だけにこだわって、それを達成したかどうかでマネジャーを評価するのだとすると、マネジャーも自分の部下に対してそういう姿勢を取らざるを得なくなってしまう。そういうマネージャーの元に置かれたチームは、やはり数値目標を達成するということだけに躍起にならざるを得ないだろう。

誤解のないように補足するならば、もちろん目標もそれを達成することも大切だ。でも、「目標を達成しないと評価しないぞ」という怖れのマネジメントには気をつけたほうがいい。組織階層の上から下へと連鎖していくのだ。だから、トップが怖れのマネジメントから抜け出さないと、会社が感情を共有できる場に変わる可能性はとても低い。それぞれの内なる願いからの目標達成こそ目指したい理想像だ。

3章の対談でも話したけれど、やっかいなのは、経営トップも資本市場の力学の中で強烈なプレッシャーをかけられているという点だ。

この世界における資本主義の論理というのは本当に強力で、「上場したからには、株主に喜んでもらわないと」とか「いい会社だと評価されないと」とか、「あらねばならない」

という意識についとらわれそうになる。「短期的な成果を出さなければ株価が下がってしまう」という怖れに負けそうになる。

ツクルバも、上場してからは葛藤の日々だった。最終的には、短期の評価に惑わされず、僕らが目指す場所に中長期で向かっていこうと、ある意味で覚悟を決めた。だけど、それができるまでには一年くらいかかった。

個々の心が育ち、チームが育つ。まずはあなたから

会社やチームのあり方はトップやリーダー次第。こう言うと、「うちの会社は変われないのか」とがっかりしてしまう人もいるかもしれない。

たしかに、トップやリーダーの意識は重要なのだけれど、メンバーが何もできないわけではない。

例えば、上司の言うことに納得できなければ、その感情を自覚し、奥にある願いを味

わい、それらをありのままに伝えてみる。部下の感情に興味のない上司であっても、「部下が動いてくれない」「なんだかチームがギスギスしている」ということは、業務を遂行する上での困りごととして認識するはずだし、あなたのあるがままの願いに影響されて、上司のセルフサイクルが回り始めるかもしれない。

ただ、こういうことが都合よく起きるとは限らない。心が成長するのは、その人自身のタイミングがある。他人が無理矢理に変えることはできないので、自分で気づくのを待つしかないのだ。

相手が変わらないとしても、自分を変えることはできる。まずは自分のセルフサイクルを回すことに注力してみよう。3章の対談で三好大助くんが語ってくれたとおり、自分の感情を自覚し、深いところにあるニーズが見えるようになると、他者のそれにも気づきやすくなる。そうなると、「自分を理解してくれない上司」としか認識していなかった相手も、見え方が違ってくるはずだ。上司の隠れたニーズは何なのか、それが見えてくると、以前には気づかなかった向き合い方も見えてくるかもしれない。

あるいは、自分の本当の願いに気づいたことで、上司の姿勢はそれほど気にならなくなるかもしれない。

この本では、まずはセルフサイクルを回し、それからチームサイクルを回し、２つのサイクルの相互作用でいいチームになっていく、ということを訴えてきた。

だけど、まずはセルフサイクルだけでも構わない。自分が変わると世界が変わって見えるから、きっとあなたの行動は変わり始める。そんなあなたを見て、チームの誰かがセルフサイクルを回し始めるかもしれない。そうやって少しずつ連鎖していくと、あるときチームサイクルも回り始める。チーム全体が変わるのに長い長い時間がかかったとしても、その過程で豊かな感情を味わえる個人が増えているのだと考えれば、やって損はないはずだ。

まずはあなたから、感情に向き合い、自分とつながることを始めてみてほしい。そこから世界は変わり始めるはずだから。

あとがき

「この本は、誰に向けて届けたい本なのだろうか？」

出版の企画の段階で、ミーティングの議題に何度か挙がった問いの一つです。今チームと向き合っているマネージャーだけではなく、若手のプレイヤーの皆さんにも読んでもらいたい、と思って本をつくってきました。書き進めていくにつれて、ある意味では昔の自分に向けて言葉を綴っているような感覚にもなり、はたまた、自分たちの会社に集ってくれているメンバーに向けて、伝えたいメッセージを書いているような気もしてきました。昔の悩んでいた自分や、今仕事に悩んでる会社のメンバーを思い出しながら、言葉を綴ってきましたが、それが結果として、この本を手に取っていただいた皆さんにも広く届けたいメッセージになっている、と書き終わった今思っています。

改めて、この本に僕が込めたのは、「あなたが自分とつながることから、世界は変えることができる」ということ、そして「あなたと周りの人とのつながりが、職場を、家庭を、そして世界をより幸せな居場所にする」ということ、この二つを伝えたいという願いです。

もはや今の時代は、分かりやすい画一的な幸せを追い求めるような時代ではありません。かといって、それぞれの生き方、それぞれの幸せを探求するような、自律的な時代にはまだ少し距離があります。多様な生き方、多様な幸せ、それらの組み合わせをうまく選択しながら、編集されたライフスタイルや幸せのあり方を享受している、そんな時代が今なんじゃないかなと思います。画一から多様へ、そして多様から自律へ。そんな過渡期に今我々は生きているように感じます。

それぞれの生き方、それぞれの幸せの探求に向かう時代に、万人の幸せなんて一言で言えるほど簡単ではありません。でも、一人で生きるには、世界は広すぎるし、人生は長すぎる。つながりのない世界はきっと幸せじゃない、というのはかろうじて共通して言えるのではないでしょうか。

人は誰しも幸せになるために生まれてきた、と僕は思います。そして仕事というのは、そのための大切な要素の一つです。場所を変え、付き合う人を変えても、自分の居場所が見つからないときもあるでしょう。そんなときに、一番大切な気づきを与えてくれる「旅先」は、自分の内側にあるのかもしれません。自分とつながり、そして、周りとつながる。そのことに意識的になることで、つながりのある世界が開けて、次第に自分の居場所ができていくのを、これまでの経験の中で僕自身が感じてきました。

僕はアカデミックな世界の住人ではなく、実践の世界の住人です。事業を通じて社会に価値を届けていきたいという想いで、会社経営をやらせてもらっています。この本に書いてあるような、日々の仕事をしながら自由研究のように学んできた足跡は、きっと誰にでも辿れるものだと思います。本のなかには、いくつか引用させてもらったアカデミックな理論やキーワードがあります。もし気になるものがあったら、この本の続きはあなた自身で深めてみてもらえたら嬉しいです。

最後になりましたが、この本を書くきっかけを与えてくれた長尾彰さん、執筆の協力をしてくれたやつづかえりさん、そして、出版までの道筋をつくってくれたアキラ出版の藤田貴久さん、この本をデザイン・編集していただいた株式会社クラウドボックスの徳永健さん、竹野恭子さん、園田理明さん、本当にありがとうございました。まさにこの本の4章にあるようなプロセスを踏みながら、「出版チーム」になっていくのがワクワクしました。皆さんとのキャッチボールのおかげで無事にこの本ができました。また三好大助さん、長尾彰さんには、3章・4章で対談相手になっていただき、心から感謝いたします。お二人の専門領域と交差することで、この本に立体感が出たと思っています。

この本を書くまでに経験したすべての出来事、それらが自分に与えてくれた様々な感情、そして多くの人との出会いと別れのおかげで、今の自分がつくられています。そのすべてと、これからも人生を共にする家族・友人に感謝を。

そしてなにより、この本を手にとっていただいたあなたへ、心からお礼を申し上げます。

いつの日か、この本をきっかけにあなたとつながることを願って。

２０２０年10月某日

中村 真広

221　あとがき

著者：**中村 真広**（なかむら・まさひろ）

株式会社ツクルバ 代表取締役ファウンダー / 株式会社KOU 代表取締役

1984年生まれ。東京工業大学大学院建築学専攻修了。不動産ディベロッパー、ミュージアムデザイン事務所、環境系NPOを経て、2011年8月に株式会社ツクルバを共同創業。2019年に東証マザーズに上場し、2020年8月より代表取締役ファウンダーに就任。また、株式会社KOUの創業に参画し、2019年からは同社代表取締役。会社、事業、個人的な活動も含めて、「それぞれが自分の人生を肯定できる世界」の実現を目指している。著書に「場のデザインを仕事にする」（学芸出版社 /2017）他。

執筆協力・インタビュー：**やつづかえり**

コクヨ、ベネッセコーポレーションで11年間勤務後、独立。2013年に組織人の新しい働き方、暮らし方を紹介するウェブマガジン『My Desk and Team』開始。2017年よりYahoo!ニュース（個人）オーサー。各種Webメディアで働き方、組織、イノベーションなどをテーマとした記事を執筆中。著書に『本気で社員を幸せにする会社』（2019年、日本実業出版社）。

自分とつながる。
チームとつながる。

エモーショナルなつながりがつくる
幸せな働き方

2020年12月3日　第1版第1刷発行

著者　**中村 真広**

発行者　長尾 彰
発行所　アキラ出版
〒155-0033 東京都世田谷区代田6-8-17
電話：03-6665-0803
https://akirabooks.jp/
発売元　株式会社星雲社（共同出版社・流通責任出版社）
〒112-0005 東京都文京区水道1-3-30
電話：03-3868-3275（注文専用）
執筆協力・インタビュー　やつづかえり
編集　藤田 貴久
印刷・製本　シナノ印刷株式会社

内容に関するお問い合わせはアキラ出版ウェブサイトよりお願いいたします。

ISBN 978-4-434-28206-5 C0034